CADERNO do Futuro

A evolução do caderno

LÍNGUA PORTUGUESA

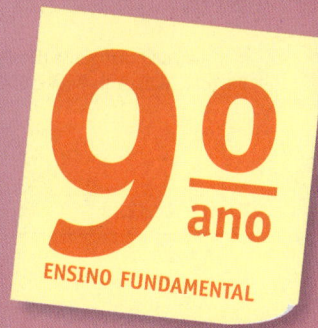
9º ano
ENSINO FUNDAMENTAL

3ª edição
São Paulo – 2013

Coleção Caderno do Futuro
Língua Portuguesa
© IBEP, 2013

Diretor superintendente	Jorge Yunes
Gerente editorial	Célia de Assis
Editor	Elizabeth Gavioli de Oliveira Silva
	Cícero de Oliveira Silva
Assistente editorial	Karina Danza
Revisão	André Tadashi Odashima
	Luiz Gustavo Bazana
	Maria Inez de Souza
Coordenadora de arte	Karina Monteiro
Assistente de arte	Marilia Vilela
	Nane Carvalho
Coordenadora de iconografia	Maria do Céu Pires Passuello
Assistente de iconografia	Adriana Neves
	Wilson de Castilho
Produção gráfica	José Antônio Ferraz
Assistente de produção gráfica	Eliane M. M. Ferreira
Projeto gráfico	Departamento de Arte Ibep
Capa	Departamento de Arte Ibep
Editoração eletrônica	N-Publicações

CIP-BRASIL. CATALOGAÇÃO-NA-FONTE
SINDICATO NACIONAL DOS EDITORES DE LIVROS, RJ

S578L
3. ed

Silva, Antonio de Siqueira e.
  Língua portuguesa, 9º ano / Antonio de Siqueira e Silva, Rafael Bertolin. - 3. ed. - São Paulo : IBEP, 2013.
  il. ; 28 cm   (Caderno do futuro)

ISBN 978-85-342-3579-2 (aluno) - 978-85-342-3583-9 (professor)

  1. Língua portuguesa (Ensino fundamental) - Estudo e ensino.
I. Bertolin, Rafael. II. Título. III. Série.

12-8690   CDD: 372.6
                                   CDU: 373.3.016:811.134.3

27.11.12   03.12.12   041082

Impressão Leograf - Maio 2024

3ª edição – São Paulo – 2013
Todos os direitos reservados.

Av. Alexandre Mackenzie, 619 – Jaguaré
São Paulo – SP – 05322-000 – Brasil - Tel.: (11) 2799-7799
www.editoraibep.com.br – editoras@ibep-nacional.com.br

SUMÁRIO

1. REVISÃO DAS CLASSES GRAMATICAIS E FUNÇÕES SINTÁTICAS DAS PALAVRAS – I....4

2. REVISÃO DAS CLASSES GRAMATICAIS E FUNÇÕES SINTÁTICAS DAS PALAVRAS – II....17

3. DISCURSO DIRETO/DISCURSO INDIRETO E ORAÇÕES INTERCALADAS........36

4. FRASE, ORAÇÃO, TERMOS DA ORAÇÃO, NÚCLEO DOS TERMOS E PERÍODO........40

5. ORAÇÕES COORDENADAS........48

6. ORAÇÕES SUBORDINADAS ADVERBIAIS........52

7. ORAÇÕES SUBORDINADAS ADJETIVAS........63

8. ORAÇÕES SUBORDINADAS SUBSTANTIVAS – I........72

9. ORAÇÕES SUBORDINADAS SUBSTANTIVAS – II........79

10. ORAÇÕES SUBORDINADAS REDUZIDAS DE PARTICÍPIO, GERÚNDIO E INFINITIVO........87

11. DENOTAÇÃO E CONOTAÇÃO........95

12. QUALIDADES DA BOA LINGUAGEM........108

13. COLOCAÇÃO PRONOMINAL........113

14. TEMPOS VERBAIS........117

15. VOZES DO VERBO........118

APÊNDICE........125

ESCOLA

NOME

PROFESSOR

HORA	SEGUNDA	TERÇA	QUARTA	QUINTA	SEXTA	SÁBADO

PROVAS E TRABALHOS

1. Revisão das classes gramaticais e funções sintáticas das palavras – I

O Estado de S. Paulo, 12 mar. 2006.

1. Com que pronome um personagem se dirige ao outro no começo do diálogo?

2. Trata-se de um pronome pessoal oblíquo ou de tratamento?

3. Que preposição está ligando as palavras "procura" e "inteligência"?

4. E que palavras a preposição "para" está ligando?

5. No texto, há as palavras "procura" e "procurar". Qual delas foi usada como substantivo? E como verbo?

6. Leia as explicações e complete as frases com as palavras pedidas.

> Terra, Sol, Lua: usa-se **inicial maiúscula** quando se trata do astro (estrela, planeta, satélite). A **inicial minúscula** se usa nos demais casos, quando nos referimos, por exemplo, ao brilho, aos raios, à superfície ou a outro atributo desses astros.

Agora, complete com Terra/terra, Sol/sol, Lua/lua.

a) Há inteligência fora da _____?

b) O agricultor trabalha a _____.

c) No planeta _____ há muita gente sem _____.

d) A _____ gira em torno do _____.

e) A _____ é um satélite da _____.

f) Muito _____ faz mal à pele.

g) Naquela noite, a _____ clareava uma grande extensão de _____ do vale.

7. Classifique morfologicamente as palavras da frase.

> Ela disse que uma notícia muito triste desolou a sua cidade.

Ela

disse

que

uma

notícia

muito

triste

desolou

a

sua

cidade

8. Escreva a que classe gramatical pertencem as palavras destacadas.

a) Leve o **mínimo** que você puder.

b) Ele vive de salário **mínimo**.

c) Há **ricos** apartamentos à venda no bairro.

d) Há mais **pobres** que ricos.

e) O **pobre** homem vivia só.

9. Classifique os pronomes destacados.

a) Amaro emprestou os **seus** livros.

b) A árvore **lhe** dá sombra.

c) **Aquela** garota lá não dá bola pra **mim**.

d) Terão **muitos** filhos.

e) **Ele se** levantou.

f) Veja o mangá **que** estou lendo.

10. Leia o texto com atenção, identifique os pronomes e classifique-os.

EM BUSCA DA PERFEIÇÃO

A mãe, conversando com a filha, pergunta:
— Então, como é? Você ainda não arranjou namorado?
— Eu, não. Estou procurando o homem perfeito!
— O homem perfeito? E isso existe?
— Claro que existe. Eu até já encontrei!
— Não me diga! Pois trate de agarrá-lo, case-se logo com ele!
— Não posso, mãe, ele está procurando a mulher perfeita!

Autor desconhecido.

a) pronome de tratamento

b) pronome pessoal do caso reto

c) pronome pessoal do caso oblíquo

d) pronome demonstrativo

11. Passe para o plural, adequando o verbo.
   a) ele crê
   b) ela lê
   c) ele vê
   d) que ele dê

12. Passe para o singular, fazendo a concordância verbal.

   nós abençoamos   eu abençoo

   a) nós amaldiçoamos
   b) nós perdoamos
   c) nós enjoamos
   d) nós doamos
   e) nós abotoamos
   f) nós magoamos
   g) nós soamos
   h) nós voamos

13. Complete as frases com os verbos nos tempos e modos indicados entre parênteses.
   a) exigir (*pretérito perfeito do indicativo*)
   Os moradores _____ que o síndico prestasse contas.
   b) substituir (*futuro do presente do indicativo*)
   Os jogadores reservas _____ os titulares.
   c) ficar (*pretérito perfeito do indicativo*)
   Os estudantes _____ exaltados.
   d) continuar (*pretérito perfeito do indicativo*)
   Os pacientes _____ reclamando do atendimento.
   e) eleger (*futuro do presente do indicativo*)
   Os jurados _____ o melhor filme do ano.

14. Escreva frases, empregando os verbos no presente do indicativo, no pretérito perfeito e no futuro do presente.

a) Elas / multiplicar / as vendas

b) As meninas / trabalhar / com bijuterias

c) Alguns comerciantes / vender / caro

d) Os fregueses / pedir / mais desconto.

15. Indique o tempo e o modo dos verbos.

a) O jardim **é** uma festa.

b) **Serão** muito felizes.

c) **Mergulhara** na leitura dos poetas.

d) **Trouxe** recomendação da mãe.

e) **Haveria** grandes festejos se não **fosse** a chuva.

f) Marcos **pensava** no passado.

16. Preencha as lacunas usando os verbos entre parênteses nos tempos e modos pedidos.

a) _____ tudo direitinho na gaveta. (**caber**, *pret. perf. do ind.*)

b) Se ele _____ a verdade, nada aconteceria. (**dizer**, *pret. imperf. do subj.*)

c) Nós _____ tudo o que você nos pediu. (**trazer**, *pret. perf. do ind.*)

d) Quando vós _____ a lição, vereis que é fácil. (**fazer**, *fut. do subj.*)

e) É bom que vocês _____ a verdade. (**saber**, *pres. do subj.*)

f) Ele não _____ dar o recado. (**querer**, *pret. perf. do ind.*)

g) Que nós _____ fazer sempre o melhor. (**poder**, *pres. do subj.*)

h) Eu _____ o rádio no mesmo lugar onde o encontrei. (**pôr**, *pret. perf. do ind.*)

i) Quando ele _____ a prova, terá uma surpresa. (**ver**, *fut. do subj.*)

17. Complete as lacunas usando os verbos entre parênteses na forma solicitada.

a) (dar – imperativo – você) _____ um abraço no seu amigo.

b) (dar – imperativo – tu) _____ um abraço no teu amigo.

c) (dar – pres. do subj.) É preciso que vocês _____ mais atenção a esse problema.

d) (dar – fut. do subj.) Se você _____ esmola, faça-o com um sorriso nos lábios.

e) (haver – pret. imperf. do subj.) Como seria bom se não _____ violência.

f) (semear – pres. do ind.) Aquilo que vocês _____ hoje vão colher amanhã.

18. Acrescente ao verbo intransitivo **circunstâncias adverbiais** de tempo, lugar, modo, intensidade etc. Observe que, mesmo depois do acréscimo de circunstâncias adverbiais, o verbo continuará sendo intransitivo. Veja o exemplo a seguir.

O patrão saiu.
O patrão saiu **às pressas**. (modo)
O patrão saiu **cedo hoje**. (tempo)
O patrão saiu **a negócio**. (finalidade)
O patrão saiu **por motivo de doença**. (causa)
O patrão saiu **com um amigo**. (companhia)
O patrão saiu **de carro**. (meio)

a) O trem partiu...

b) Minha mãe voltou...

19. Siga o modelo, observando o emprego do adjetivo com função de advérbio.

> Passou **rapidamente** a bola.
> Passou **rápido** a bola.

a) Era **demasiadamente** tarde.

b) Comentavam **altamente** a vitória do time.

c) Agiu **conscientemente** até o fim.

d) Cobrou **caramente** o tênis.

e) Seguiu **diretamente** para a quadra.

20. Observe as placas de sinalização e crie frases usando verbos no imperativo afirmativo ou negativo. Use também circunstâncias adverbiais. Veja o exemplo.

21. Classifique os advérbios das frases.

a) Cheguei hoje bem cedo.

b) Talvez não façamos a prova amanhã.

22. Os verbos neste exercício são **transitivos indiretos**: eles exigem preposição. Preencha as lacunas adequadamente.

> **Lembre que:**
> Pode haver combinação ou contração da preposição com o artigo: ao, do, das, nos, nas...

Assistimos **ao** jogo pela televisão.

a) Cremos _____ vocês.

b) Não abuse _____ seus direitos.

c) Eles contavam _____ a gente.

d) Procuramos agradar _____ professor.

e) Lutamos _____ a preguiça.

f) Contribua _____ a nossa formatura.

g) Não bata _____ crianças.

h) O autor falou _____ seu livro.

23. Escreva **PR** para pronome relativo e **C** para conjunção.

a) Ela tem um sorriso **que** me fascina. ( )

b) Há insetos **que** são úteis ao homem. ( )

c) Disse **que** voltaria cedo. ( )

d) Sabia **que** tudo estava terminado. ( )

e) Há pessoas **que** vivem em paz com a consciência. ( )

f) Acho **que** você está com a razão. ( )

g) Agradeço tudo aquilo **que** você me deu. ( )

h) Insisto em **que** todos compareçam à reunião. ( )

24. Substitua os **objetos diretos** pelos pronomes correspondentes **o, os, a, as**.

> Ontem eu vi **Maria** no parque.
> Ontem eu **a** vi no parque.

a) Nós prevenimos **os colegas** sobre o perigo das drogas.

b) Procurei, mas não encontrei **as chaves**.

c) A mãe impediu **a filha** de sair à noite.

d) Por que não convidou **o amigo** para a festa?

e) Os garotos compuseram **uma música** sozinhos.

25. Substitua os **objetos indiretos** pelos pronomes lhe ou lhes.

> Peço **a você** que me desculpe.
> Peço-**lhe** que me desculpe.

a) Enviaremos **para ele** a correspondência.

b) Mando **a vocês** um grande abraço.

c) Já paguei **a ele** tudo o que devia.

d) Dividi o nascimento de minha filha **com todos os meus amigos**.

e) Agradeço **a todos vocês** o comparecimento.

26. Substitua as expressões em destaque por pronomes oblíquos.

> Não sei como agradecer **a você**.
> Não sei como **lhe** agradecer.

a) Mandei **os empregados** embora.

b) Pedi que levasse à locadora **o veículo**.

c) Compramos **para elas** brinquedos modernos.

d) Entreguei **a ele** o jogo que compraste.

27. Substitua o **possessivo** pelo pronome oblíquo.

> O boato chegou aos **meus** ouvidos.
> O boato chegou-**me** aos ouvidos.

a) O ciúme pode destruir **nosso** amor.

b) O sucesso subiu à **sua** cabeça.

c) A namorada acariciava **seus** cabelos.

d) Tal ideia não passou pela **minha** mente.

28. Substitua os termos em destaque pelos pronomes de tratamento correspondentes.

a) Os servidores públicos marcaram uma audiência com **o governador**.

b) **O príncipe**, disfarçado, sumiu na multidão.

c) **O rei** encontra-se no palácio.

d) **O papa** renunciou.

e) Conversei sobre o assunto com **o diretor da escola**.

29. Escolha o emprego correto dos pronomes oblíquos de acordo com os pronomes entre parênteses.

> Ela não **os** recebeu com um sorriso nos lábios. (eles)

a) Não é a _____ que você deve consultar. (eu)

b) Há muito tempo não conversam _____. (eu)

c) Nós _____ encontramos no cinema. (nós)

d) Sente-_____ responsável pelo filho. (você)

e) Nós _____ perdoamos a dívida. (elas)

f) Ele _____ convidou para a festa de aniversário. (elas)

30. Elimine os pronomes sujeitos, quando desnecessários.

a) O goleiro se atirou para evitar o gol, mas ele não conseguiu.

b) Quando jovem, eu queria ser médico, mas depois eu desisti.

c) Quando nós nos cumprimentamos, nós voltamos a ser amigos novamente.

31. Complete as frases com **a**, **à** ou **há**. Depois, escreva entre parênteses os números correspondentes.

I. artigo
II. pronome pessoal
III. pronome demonstrativo
IV. preposição
V. crase
VI. verbo haver

a) Volto daqui _____ dois minutos. ( )

b) Todos se encantaram com _____ vista. ( )

c) Eu _____ encontrei no parque. ( )

d) Não _____ mais ninguém na sala. ( )

e) Saímos _____ noite. ( )

f) Era contagiante _____ alegria da criança. ( )

g) Mande-me outra blusa azul; _____ que você me enviou está com defeito. ( )

h) Estamos _____ duas semanas das férias. ( )

32. Reescreva as frases, colocando o pronome entre parênteses no lugar adequado.

> De hoje em diante, ninguém incomodará. (*o*)
> De hoje em diante, ninguém **o** incomodará.

a) Não arrependemos de ter voltado atrás. (*nos*)

b) Quanto custa dizer a verdade. (*nos*)

c) Bons ventos tragam de volta. (*o*)

d) Quando viu, desviou do caminho. (*me*)

e) Até hoje, pouco sabe a respeito do assunto. (*se*)

f) Quem contou essa história? (*lhe*)

g) Pagarei a conta. (*lhe*)

h) Se você trata mal, como quer que queiram bem? (*os, lhe*)

i) Alguém chamou para uma reunião à tarde. (*me*)

j) Quem disse que eu sou pintor? (*lhe*)

k) Emprestaria dinheiro para pagar a dívida. (*lhe*)

33. Encontre o adjetivo correspondente às expressões usando os prefixos **in-**, **i-**, **im-**.

a) que não é sensato

b) que não se pode crer

c) que não se pode atingir

d) que não é feliz

e) que não é legível

f) que não é responsável

g) que não se pode reprimir

h) que não é digno

i) que não se pode perdoar

j) que não é sensível

34. Passe as frases para o plural.

a) E o homem trouxe sua mulher.

b) Peço-lhe desculpa.

c) É hora de repousar.

35. Escreva o superlativo absoluto sintético dos adjetivos.

| rico | riquíssimo |

a) amável
b) bom
c) mau
d) fácil
e) difícil
f) cruel
g) amigo
h) nobre
i) pobre

36. Complete as lacunas com substantivos ou adjetivos correspondentes ao termo.

SUBSTANTIVO	ADJETIVO
conforto	confortável
riqueza	
	luxuoso
	pobre
abastança	
miséria	
	renomado
	natural

37. Faça frases usando as palavras em destaque no sentido próprio e no sentido figurado.

a) **tubarão**, peixe marítimo / **tubarão**, rico

b) **gato**, animal doméstico / **gato**, lindo, bonito

c) **víbora**, serpente venenosa / **víbora**, pessoa má, de mau gênio

d) **porco**, animal doméstico / **porco**, indivíduo sujo, imundo

PRÁTICA DE PRODUÇÃO DE TEXTO

Anúncios – publicidade

Os adjetivos são importantes na publicidade para realçar as qualidades dos produtos e chamar a atenção do consumidor.

Observe os anúncios.

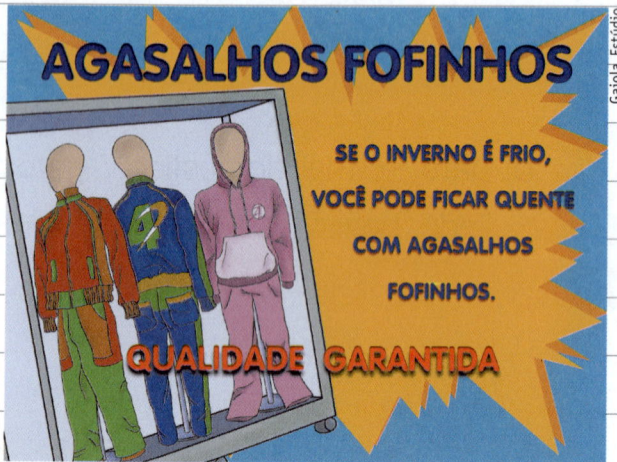

1. Que adjetivos foram usados pela loja de agasalhos como recurso para atrair o cliente?

2. No segundo anúncio, que adjetivos a Pantec usou para realçar seus produtos diante do consumidor?

3. Que outros recursos você nota no anúncio e que podem chamar a atenção do cliente?

4. Agora é a sua vez.
   Crie um anúncio publicitário. Invente uma logomarca, algum desenho ilustrativo e um texto para atrair o consumidor.

2. Revisão das classes gramaticais e funções sintáticas das palavras – II

1. No trecho "Prepare-se para conhecer..." foi usado o modo verbal que serve para indicar ordem, conselho, pedido.
Esse modo do verbo é o:
( ) indicativo
( ) subjuntivo
( ) imperativo

2. Reescreva o trecho no plural usando o pronome na 1ª pessoa do plural.

3. A oração "Não perca tempo" está no modo:
( ) indicativo
( ) imperativo negativo
( ) subjuntivo

4. Reescreva a oração anterior usando a 2ª pessoa do plural.

5. Conjugue o verbo pronominal "preparar-se" no presente do indicativo.
Eu me preparo
Tu
Ele/ela
Nós
Vós
Eles/elas

6. Na oração "Chegou a sua vez":
a) Qual é o sujeito?

b) Qual é o núcleo do sujeito?

> Quando o predicado, na oração, vem antes do sujeito, dizemos que a ordem é inversa.

c) Na oração "Chegou a sua vez" temos:
( ) ordem direta
( ) ordem inversa

d) Escreva a oração na ordem direta, usando a sequência sujeito-predicado.

7. Na oração "... as inscrições são limitadas", qual é o sujeito? Qual é o predicado?

8. Quando o predicado é formado por verbo de ligação (ser, estar...) e mais um predicativo, dizemos que o predicado é:
( ) verbal
( ) nominal

9. Escreva as palavras que no texto são derivadas de:
Amazônia
lenda
mundo
belo
companheiro
limite

> O sujeito pode ser **simples, composto, oculto, indeterminado**. Quando na oração aparecem verbos impessoais, temos **oração sem sujeito**.

10. Classifique o sujeito das orações.
a) Os livros e as revistas transmitem cultura.

b) Viajaremos amanhã à noite.

c) Era tarde demais.

d) Existem muitos tipos de flores no meu jardim.

e) Bateram na porta.

f) Aqui mandamos nós.

g) Há lugar para todos.

11. Relacione os sujeitos aos predicados.
I. A China
II. O rio Amazonas
III. O verão
IV. Centenas de aves
V. A guerra

( ) é a estação mais quente do ano.
( ) é desumana e cruel.
( ) é o país mais populoso do mundo.
( ) desemboca no oceano Atlântico.
( ) voam, em festa.

12. Amplie o predicado verbal com adjuntos adverbiais. Siga o modelo.

> Eu almocei.
> (sujeito + v. intrans. + adj. adv. de lugar)
> Eu almocei **num restaurante**.

a) Os morcegos voam.
(sujeito + v. intrans. + adj. adv. de tempo)

b) André chutou a bola.
(sujeito + v. trans. dir. + obj. dir. + adj. adv. de modo)

c) Afonso ajuda o pai.
(sujeito + v. trans. dir. + obj. dir. + adj. adv. de lugar)

13. Classifique o predicado das orações, escrevendo:

> **V** se o predicado for verbal.
> **N** se o predicado for nominal.
> **VN** se o predicado for verbo-nominal.

a) As mulheres o achavam fascinante.
(   )

b) O progresso mata as florestas.
(   )

c) Todo mundo precisa de dinheiro.
(   )

d) A turma ficou calada.
(   )

e) A professora é muito exigente.
(   )

f) A notícia parecia estranha.
(   )

g) As crianças corriam felizes.
(   )

h) O povo votou consciente.
(   )

i) Precisamos trabalhar mais.
(   )

j) Todos saíram satisfeitos.
(   )

k) O diretor entrou sério na classe.
(   )

l) O filme entrou em cartaz.
(   )

m) O cachorro dormia tranquilo na varanda.
(   )

14. Escreva as frases substituindo os substantivos objetos diretos pelos pronomes **o, a, os, as**, e os substantivos objetos indiretos pelos pronomes **lhe, lhes**.

> Teleco exasperava **o moço**.
> Teleco exasperava-**o**.

a) Ele mandou **Luiza** embora.

b) Contei o caso **a Manuel**.

c) Vejo **Cátia e Vera** contentes.

d) Dei bombons **às crianças**.

e) Convido **os pais** para a festa.

f) Ela amava muito **a netinha**.

15. Complete a significação dos verbos transitivos indiretos com objetos indiretos adequados.

> Assistimos **à abertura dos Jogos Olímpicos**.

a) O piloto aspirava

b) Não simpatizo

c) Concordo

d) A festa agradou

e) Os vassalos conspiravam

f) A solução do caso depende

g) O povo aderiu

h) Alfredo apaixonou-se

16. Classifique os termos destacados, escrevendo entre parênteses:

> **OD** para objeto direto.
> **OI** para objeto indireto.
> **CN** para complemento nominal.
> **P** para predicativo.

a) Já **lhe** entregamos **os documentos**. ( ) ( )

b) O filme agradou **a todos**. ( )

c) Pedimos **proteção** **para todos nós**.
( ) ( )

d) Fiquei **satisfeito** **com os resultados**. ( ) ( )

e) As águas estavam **poluídas**. ( )

f) Colhi **as frutas**; agora vou vendê-**las** no mercado. ( ) ( )

> **Verbo transitivo indireto** é o que não tem sentido completo e exige, para formar o predicado, um complemento com preposição. Esse complemento denomina-se **objeto indireto**.

17. Assinale as orações em que ocorre verbo transitivo indireto.

a) Os doentes precisam de remédios. ( )
b) As árvores secaram. ( )
c) Recorri ao meu pai. ( )
d) O inspetor recebia as cadernetas. ( )
e) Nós contamos com você. ( )
f) Cristina acreditava em assombrações. ( )
g) Rasguei a folha. ( )
h) Cuide dos doentes. ( )
i) Assisti ao jogo. ( )
j) O relógio para. ( )
k) Resisti à tentação. ( )
l) Isto convém a nós. ( )

> **Verbo transitivo direto e indireto** é o que se constrói com dois complementos (objeto direto + objeto indireto).

18. Assinale as orações em que ocorre verbo transitivo direto e indireto.

a) Papai entregou o dinheiro a meu irmão. ( )
b) O capitão ofereceu comida aos prisioneiros. ( )
c) Nós discordamos de Luciano. ( )
d) O presidente concedeu entrevista aos jornalistas estrangeiros. ( )
e) O furacão destruiu a aldeia. ( )
f) Ela fez o almoço para o marido. ( )
g) Eles confiam demais em si. ( )
h) Contei meus planos ao Filipe. ( )

19. Reescreva as orações antepondo o objeto indireto ao direto, conforme o modelo.

> Demos **roupas e brinquedos a Luisinho**.
> Demos **a Luisinho roupas e brinquedos**.

a) Dedico meu tempo disponível ao estudo das ciências.

b) O guarda pediu a documentação do carro a José.

20. Escreva cada termo da oração na sua respectiva classificação.

a) Simone faltava às aulas.
   sujeito:
   verbo:
   complemento:
   classificação do verbo:

b) As estrelas cintilam.
   sujeito:
   verbo:
   complemento:
   classificação do verbo:

c) O guarda atribuiu a culpa ao motorista.
   sujeito:
   verbo:
   complemento:
   classificação do verbo:

d) Os bombeiros apagaram o incêndio.
   sujeito:
   verbo:
   complemento:
   classificação do verbo:

21. Dê um objeto direto adequado para cada verbo transitivo direto.

a) Os jovens praticam

b) As árvores liberam

c) Alfredo consertou

d) Esperávamos

22. Classifique os verbos em destaque nas frases, marcando:

> **I** para verbo intransitivo.
> **TD** para verbo transitivo direto.
> **TI** para verbo transitivo indireto.
> **TDI** para verbo transitivo direto e indireto.
> **L** para verbo de ligação.

a) A água já **ferveu**. (   )
b) Todo mundo **precisa** de dinheiro. (   )
c) As abelhas **fabricam** mel. (   )
d) O mar **parece** calmo. (   )
e) **Informamos** o endereço ao turista. (   )
f) Papai **ficou** feliz com a notícia. (   )
g) **Procurei** a chave em toda parte. (   )
h) **Gosto** de pessoas sinceras. (   )

i) As flores **desabrocham** na primavera. ( )

j) Já **devolvemos** o livro ao professor. ( )

k) **Cuide** de sua saúde. ( )

l) A criança **sorriu** feliz. ( )

m) **Vendi**-os pelo melhor preço do mercado. ( )

23. Complete a significação dos verbos transitivos diretos e indiretos.

> Os moradores ensinaram **o caminho ao delegado.**
>
> objeto indireto   objeto direto

a) Eu expliquei

b) As árvores dão

c) A empresa fornecia

d) O escritor dedicou

e) A justiça condenou

f) O ônibus não oferecia

> **VERBOS DE LIGAÇÃO**
> Os verbos que indicam estado, mudança de estado ou modo de ser são chamados de verbos de ligação. Eles ligam uma qualidade ou característica ao sujeito.
> **Os principais verbos de ligação são:** ser, estar, ficar, parecer, continuar, andar.
> Alguns verbos funcionam como verbos de ligação ou de ação, dependendo do contexto.
> Ele anda muito até lá
> ação
> Ele anda preocupado.
> estado

24. Sublinhe as orações em que os verbos funcionam como verbos de ligação.

a) Joana estava na sala de aula. Ela estava muito atenta às explicações da professora.

b) A festa continua animada. Eu acho que ela vai continuar até altas horas da noite.

c) Você não precisa ficar aborrecido só porque seu time ficou em segundo lugar.

25. Observe o termo em destaque nas orações e responda.

I) Os alunos estavam **atentos**.

II) Os alunos **atentos** seguiam as aulas.

a) Em que oração o termo **atentos** funciona como **adjunto adnominal**?

b) Em que oração o mesmo termo funciona como **predicativo**?

26. Escolha os verbos de ligação adequados e complete as orações.

> eram – estávamos – parecia – fiquei permaneceram – continuava – andas

a) Nós _____ confiantes.
b) O calor _____ intenso.
c) As ruas _____ estreitas.
d) Eu _____ admirado.
e) Todos _____ calados.
f) Tu _____ aborrecido por quê?
g) O trem _____ uma enorme e reluzente serpente de aço.

Predicativo do sujeito é a qualidade, característica ou estado que se refere a um sujeito. O verbo de ligação é que liga o sujeito ao predicativo.

27. Observe a oração e responda às questões.

> O juiz julgou o réu.

a) Qual é o sujeito?

b) Qual é o predicado?

c) O predicado dessa oração é nominal ou verbal?

d) Se **julgou** é verbo transitivo direto, logo **o réu** é:
( ) objeto direto
( ) objeto indireto

28. Observe a oração e responda.

> O réu era inocente.

a) Qual é o sujeito?

b) Qual é o predicado?

c) O predicado dessa oração é nominal ou verbal?

d) Se **era** é verbo de ligação, portanto o termo **inocente** é _____.

29. Compare as duas orações e responda qual é a função do termo em destaque.

> A) O réu era **inocente**.
> B) O juiz julgou o réu **inocente**.

O **predicativo** pode ser representado por:
- um adjetivo. O mel parece **puro**.
- um substantivo. Ele é o **chefe**.
- um pronome. Se eu fosse **você**, aceitaria o convite.
- um numeral. Meus motivos são **três**.
- uma oração. Minha vontade é **que ela volte**.

30. Complete as orações com predicativos do sujeito adequados.

a) Os diamantes são _____

b) As paredes estavam _____

c) Visto de longe, o morro parecia _____

d) Sem as folhas, as árvores ficaram _____

31. Sublinhe com um traço os predicativos do sujeito e com dois traços os predicativos do objeto.

a) Os alpinistas voltaram cansados.
b) A notícia deixou-o triste.
c) Chamaram-no de traidor.
d) Maurício foi designado chefe de turma.
e) O progresso torna a vida mais agitada.
f) Vimos o lago maravilhados.
g) Alguns o davam como morto.

32. Acrescente um **predicativo** para o objeto direto.

a) Nós consideramos **o professor** _____

b) A resposta deixou-**o** _____

c) João considerou **o amigo** _____

d) O sucesso tornou-**o**

e) Fabinho achou **o jogo**

f) Eu e o Zeca **o** encontramos

g) Vera considera **este caso**

h) O turista achou **o Carnaval**

i) Eles **te** acham

33. Complete as frases com o predicativo que se pede.

a) Os jovens são _____. (adjetivo)
b) Ela é _____ da Santa Casa. (substantivo)
c) Seus pais parecem _____. (pronome)
d) Os alunos aprovados são _____. (numeral)
e) Meu desejo é _____. (oração)

34. Destaque o predicativo, colocando-o no início da frase, conforme o modelo.

> Era **longa** a estrada que levava ao parque.
> **Longa** era a estrada que levava ao parque.

a) Foi grande a emoção que senti naquela hora.

b) É maravilhoso chegar ao topo da montanha.

c) São imensas, inesgotáveis, as riquezas de nossa terra.

35. Faça conforme o modelo.

> Esta manga é **doce**.
> (predicativo/adjetivo)
> Esta manga é uma **doçura**.
> (predicativo/substantivo)

a) Helena é **simpática**.

b) A guerra é **brutal**.

c) Estas aves são **raras**.

d) Este quadro é **precioso**.

36. Faça concordar os predicativos do sujeito.
a) O saber e a virtude são _____. (necessário)
b) Estavam _____ as lâmpadas. (aceso)
c) João e Leila ficaram _____. (intoxicado)
d) A mãe e sua filha não pareciam _____. (mau)
e) As ruas continuavam _____. (cheio)
f) Que todos permaneçam _____. (unido)
g) As dores tornaram-se _____. (insuportável)
h) As coisas andam _____. (difícil)

37. Orientado pelo modelo, transforme as frases de modo que o **objeto indireto** passe a ser **complemento nominal**.

> Leonor não simpatiza **com o rapaz**. (objeto indireto)
> Leonor não tem simpatia **pelo rapaz**. (complemento nominal)

a) Ele não se interessa **por futebol**.
b) Os desabrigados necessitavam **de remédios e agasalhos**.
c) Lembro-me vagamente **de João**.
d) O mestre referiu-se **ao meu trabalho**.
e) Elas se apegam muito **aos seus brinquedos**.
f) Os funcionários obedecem **às normas**.

38. Transforme as frases de modo que o **objeto direto** passe a ser **complemento nominal**.

> Joel ama **os animais**. (objeto direto)
> Joel tem amor **aos animais**. (complemento nominal)

a) Ele respeita muito **o mestre**.

b) Não desprezo **ninguém**.

c) Receávamos **um ataque imprevisto**.

d) O que importa é defender **a pátria**.

e) É fascinante realizar **um sonho**.

f) Proibiram caçar **animais raros**.

g) Graham Bell foi quem inventou **o telefone**.

39. Faça como no modelo.

> reprimir **os abusos** (objeto direto)
> a repressão **dos abusos** (complemento nominal)

a) exprimir **as ideias**

b) suprimir **as letras**

c) imprimir **os jornais**

d) comprimir **os volumes**

e) oprimir **os povos**

40. Sublinhe com um traço os apostos e com dois traços os vocativos.

a) Pai, que dia é hoje?

b) Amigo, como posso chegar até a rodoviária?

c) A aids, doença ainda sem cura, é uma epidemia mundial.

d) O Amazonas, maior rio do mundo em volume de água, desemboca no oceano Atlântico.

e) Brutus, menino impulsivo, conseguiu dominar-se, retirando-se sem brigar.

f) Vê se corre mais, rapaz!

41. Sublinhe, nas anedotas, os vocativos.

a) – Paulinho, já disse não sei quantas vezes para você não falar enquanto as pessoas mais velhas não se calarem!
– Mas elas nunca se calam, mamãe!

b) Por que você chegou tão atrasado à aula, Roberto? – perguntou a professora, severamente.
– Desculpe-me, professora, mas saí tarde de casa.
– E por que você não saiu cedo de casa?
– Por que já era muito tarde para sair cedo.

Coquetel de piadas. Rio de Janeiro: Ediouro, s.d.

42. Transforme a voz ativa em voz passiva e sublinhe o agente da passiva.

a) O juiz expulsou dois jogadores.

b) A polícia procurava o criminoso.

c) Todos o queriam muito.

d) A imprensa criticou o juiz.

e) O remorso atormentava o infeliz.

f) Algumas fábricas estão poluindo o ar.

43. Sublinhe com um traço os adjuntos adnominais e com dois traços os adjuntos adverbiais.

a) Esse é o legítimo queijo fresco de Minas.

b) Todos já dormiam profundamente quando cheguei em casa à noite.

c) Os tubarões de que fala o texto são homens sem escrúpulos.

ORTOGRAFIA – VAMOS ESCREVER CERTO?

PALAVRAS OXÍTONAS ACENTUADAS
São acentuadas as palavras oxítonas terminadas em **-a**, **-as**, **-e**, **-es**, **-o**, **-os**, **-em**, **-ens**.
Exemplos: está, vovô, vovó, você, português, José, também, armazéns, ninguém.

1. Encontre quatro exemplos de palavras oxítonas terminadas em

-a	-e

-o	-em

-as	-es

-os	-ens

Lembre que:

Todas as proparoxítonas são acentuadas.

2. Encontre no caça-palavras 11 palavras proparoxítonas. Em seguida, escreva-as, acentuando-as corretamente.

1.
2.
3.
4.
5.
6.
7.
8.
9.
10.
11.

O	V	T	L	S	L	D	V	T	A	D	R	S	M
N	Z	T	Z	P	V	G	R	A	V	I	D	A	O
I	D	K	D	E	D	R	X	S	S	T	S	T	L
B	U	M	M	S	T	A	Z	Z	R	M	T	D	Z
U	R	I	S	S	I	M	O	M	U	A	L	R	X
S	I	N	D	E	S	A	T	N	S	T	V	S	I
O	S	I	V	G	M	T	R	Y	Z	E	M	T	C
P	S	M	K	O	N	I	D	X	X	M	R	V	A
O	I	A	D	X	O	C	T	M	X	A	U	V	R
N	M	X	M	Z	P	A	C	U	S	T	I	C	A
M	O	B	N	L	Q	D	L	S	K	I	Z	X	O
L	Z	C	D	I	R	V	X	I	T	C	T	Z	P
K	A	F	G	C	H	A	X	C	R	A	D	M	Q
J	X	C	H	A	C	A	R	A	Z	L	R	N	R

3. Escreva o antônimo das palavras paroxítonas a seguir.

a) difícil

b) visível

c) possível

d) provável

e) agradável

f) difíceis

g) visíveis

h) possíveis

i) prováveis

4. Reescreva as palavras a seguir separando as sílabas.

a) proteger

b) dirigir

c) digerir

d) garagem

e) rigidez

f) algemar

g) higiene

h) exagero

i) falange

j) gerânio

k) girassol

l) berinjela

m) cafajeste

n) majestade

o) canjica

p) manjericão

q) jiboia

r) gorjeta

5. Preencha a cruzadinha com o que se pede.

1. Uma grande flor, cujo nome é composto do verbo **girar** e do substantivo **sol**.
2. O jeca matou a jiboia. (*objeto direto*)
3. Eu exagero, tu exageras, ele...
4. O guarda-chuva nos protege dos pingos-d'água. (*verbo*)
5. Local onde guardamos o carro.
6. Ingerir, ingestão/digerir...
7. Você não tem jeito mesmo! (*substantivo*)

> **Lembre que:**
>
> - Formas verbais oxítonas terminadas em **-i** precedido de consoante não devem ser acentuadas. Por exemplo: **ouvi-lo**.
> - O **i** de **destruí-lo** é acentuado por ser tônico e formar hiato com a vogal **u**.

6. Faça como no modelo, prestando atenção na acentuação dos verbos seguidos dos pronomes oblíquos **lo, la, los, las**.

> Precisamos ouvir **o encanador**.
> Precisamos **ouvi-lo**.

a) Queriam revestir **a parede**.

b) Vamos seguir **o ônibus**.

c) É bom prevenir **os alunos**.

d) Tentou destruir **as provas**.

e) O professor deve instruir **os alunos**.

f) Esperamos concluir **o trabalho** hoje.

g) Pensou em demitir **o empregado**.

h) Começaram a construir **a casa** pela manhã.

i) Você deve restituir **o dinheiro**.

Lembre que:

Mandei chamar **o médico**.
Mandei **chamá-lo**.
Acentuam-se as formas verbais oxítonas terminadas em **a, e, o**, seguidas dos pronomes oblíquos **lo, la, los, las**.

j) Não devemos incomodar **os vizinhos**.

k) Precisamos refazer **o conserto**.

l) Vou compor **a música**.

7. Ligue cada palavra à regra que justifica seu acento gráfico.

ninguém •
pé •
lá •
até •
jacarandá •

• **oxítona** terminada em a, e, o, em

• **monossílabo tônico** terminado em a, e, o

síndico •
unânime •
silêncio •
prédio •
eufórico •
mínima •
condômino •
importância •
condomínio •
rápido •
saúde •
aí •
saída •

• **paroxítona** terminada em ditongo crescente

• **proparoxítona**

• **i** ou **u** tônicos formando hiato com a vogal anterior

PAROXÍTONAS TERMINADAS EM -R
As palavras paroxítonas terminadas em **-r** são acentuadas.

8. Acentue e copie as palavras a seguir.

carater   **caráter**

a) lider
b) açucar
c) nectar
d) cancer
e) poquer
f) dolar
g) reporter
h) impar
i) martir
j) dispar

k) revolver
l) femur
m) Cesar
n) fluor
o) junior
p) geiser
q) Vitor

9. Forme palavras compostas ligadas por hífen, usando adequadamente os elementos das colunas a seguir.

- grã
- terça
- águas
- vitórias
- más
- tia
- tenentes
- salários
- surdo
- abaixo

- mudo
- assinado
- finagem
- avó
- marinhas
- feira
- línguas
- coronéis
- família
- régias

a)
b)
c)
d)
e)
f)
g)
h)
i)
j)

10. Pronuncie corretamente e reescreva as palavras.

a) problema
b) lagarto
c) admirar
d) admitir
e) administrar
f) absorto
g) obstáculo
h) obstinado
i) adversário

11. Escreva as frases no plural.

Satisfaço minha necessidade básica.
Satisfazemos nossas necessidades básicas.

a) Obtive um privilégio especial.

b) Não há obstáculo difícil.

c) Atingi meu objetivo.

d) Adaptei-me à circunstância.

e) Foi designado um administrador apto para a seção.

f) Estou convicto de que haverá nova opção.

12. Continue a sequência, dando outros exemplos de acordo com as regras de acentuação.
a) dá, há, dó, é,

b) riquíssimo, rígido,

c) você, até, terá, também,

d) automóvel, possível,

e) privilégio, prestígio,

13. Crie frases em que apareçam as expressões explicativas indicadas entre parênteses e separe-as por vírgulas, como no modelo.

(quer dizer)
Ele está fervendo, **quer dizer**, ele está com febre.

a) (isto é)

b) (a saber)

PRÁTICA DE PRODUÇÃO DE TEXTO

Crie um texto a partir do trecho abaixo. Dê um título ao texto que produziu.

Será que somos realmente passivos diante da televisão, será que somos manipulados de tal maneira que "engolimos" tudo o que se passa na telinha da forma como os produtores dos programas desejam?

Muito se falou – e ainda se fala – que a televisão veio suprimir o diálogo doméstico, a conversa das pessoas. Pode ser. Em alguns casos. Em outros, ela veio introduzir diálogos e discussões.

O texto que você vai produzir é uma **dissertação**. Dissertar é desenvolver um pensamento, um conceito, dar uma opinião, reunir argumentos e comentários a fim de convencer o leitor ou ouvinte sobre determinado tema.

Mostre seu texto a um colega, ouça a opinião dele e, se achar conveniente, reescreva alguma(s) parte(s) da sua produção.

3. Discurso direto/discurso indireto e orações intercaladas

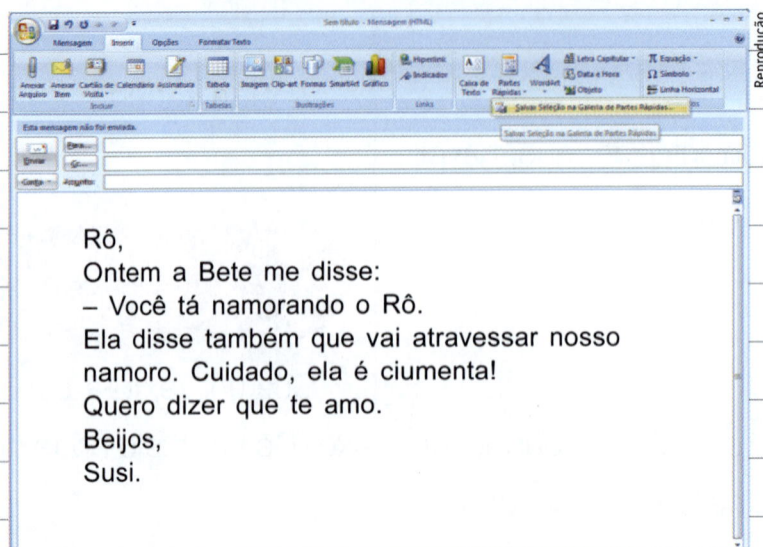

1. No e-mail, a frase de Bete está na forma de discurso direto, ou seja, está reproduzida exatamente da forma como ela se expressou. Crie uma frase no **discurso indireto**, ligando a frase de Bete à frase antecedente de Susi por meio da conjunção **que**.

2. Agora, faça o inverso, mude o trecho seguinte do discurso indireto para o direto, eliminando a conjunção **que** e usando o travessão e os dois-pontos próprios dos diálogos.

Faça as adaptações necessárias nos verbos e pronomes.

3. Faça o mesmo com a última frase, "Quero dizer que te amo."

4. Passe as frases do discurso direto para o indireto.
   a) Brava, a mãe pergunta para a filha:
   – Onde você esteve até essa hora?

b) A professora pediu aos alunos:
   – Levantem-se.

c) O turista perguntou ao guarda:
   – Onde fica o correio?

d) O pai insistiu com o filho:
   – Ponha um agasalho antes de sair.

e) O professor de Educação Física indagou aos rapazes:
   – Quem é capaz de pular este obstáculo?

5. Geralmente nas anedotas usa-se o discurso direto, o que torna os fatos mais reais e o ato de contar mais vivo, direto, dinâmico e interessante. Reescreva a anedota abaixo em discurso direto.

> Uma velhinha caminhava sozinha ao lado do muro de um cemitério à meia-noite, quando um guarda se aproximou dela e lhe perguntou se ela não tinha medo de andar sozinha, à meia-noite, ao lado do cemitério, ao que ela respondeu que tinha, mas quando era viva.

6. Transforme o discurso direto em indireto.

– Não concordo com a ideia – respondeu o diretor.

O diretor respondeu que não concordava com a ideia.

a) – Ela é bonita? – perguntou ele.

b) – O ladrão fugiu – disse o policial.

c) – Lave direito as mãos! – pediu-lhe a mãe.

d) – Chute a bola! – gritou o técnico.

e) – Os alunos demorarão para sair? – perguntou a mãe.

f) – Ninguém sairá antes do horário – garantiu o diretor.

g) – Esperem aqui – pediu o funcionário aos visitantes.

h) – Aquele livro é meu – disse a menina.

i) – Aquela história é verídica? – perguntou o menino.

j) – Aquilo lhe pertence? – indagou o rapaz.

ORAÇÕES INTERCALADAS OU INTERFERENTES

Orações intercaladas são aquelas que interrompem a sequência lógica da frase para apresentar observações, esclarecimentos, ressalvas etc.

Ser rico – **disse Rachel de Queiroz** – é o sonho universal das criaturas.

As orações intercaladas podem vir:

- entre vírgulas: , ... ,
- entre travessões: – .... –
- entre parênteses: (........................)

7. Intercale adequadamente, nos períodos seguintes, as orações do quadro, na ordem em que se apresentam.

1. , imaginem,
2. – seriam duas horas –
3. (disse um poeta)
4. – digo-o com tristeza –
5. , que eu saiba,
6. – disse a professora –
7. (disse Cícero)

a) Ela levava nas mãos um enorme bolo de chocolate!

b) Noite avançada ouvi um grito estridente.

c) A vida é nuvem que passa.

d) Alguns colegas meus desviaram-se do bom caminho.

e) Nenhum dos dois conseguiu aprovação.

f) Desta vez estão perdoados.

g) A História é a mestra da vida.

4. Frase, oração, termos da oração, núcleo dos termos e período

FRASE

Frase é um enunciado de sentido completo, formado por uma ou mais palavras, capaz de transmitir nossos pensamentos ou sentimentos. Ela pode ou não conter verbo.

Flávia **é** feliz.

Chovia muito.

Ele **pediu** solidariedade ao povo.

Que perfume delicioso!

Parabéns!

➢ As **frases sem verbo** são chamadas **frases nominais**.

Socorro!

Obrigado!

Que legal!

ORAÇÃO

Oração é uma frase, ou parte dela, organizada em torno do verbo (ou locução verbal). **Por isso toda oração tem um verbo.**

Nós **assistimos** ao jogo pela televisão.

O galo **cantou**.

Ele **foi pagar** a conta de telefone.

➢ A frase pode conter uma ou mais orações de acordo com a quantidade de verbos (ou locução verbal) contidos nela.

Ela **pediu** licença e se **retirou** da reunião.

        dois verbos = duas orações

TERMOS DA ORAÇÃO

Termos são palavras que estão relacionadas entre si, dentro da oração. Cada termo possui uma função: sujeito, predicado, objeto direto, predicativo do sujeito etc.

Marina está **gripada**.
 sujeito   predicativo

Meu amigo leu **os documentos**.
  sujeito   objeto direto

NÚCLEO DOS TERMOS DA ORAÇÃO

Núcleo é a palavra principal de um termo da oração.

Aquela linda **garota**   **sorriu** para mim.
    sujeito ↓   ↓ predicado
   núcleo do sujeito núcleo do predicado

A LEGIÃO   BILL RECHIN & DON WILDER

— SENHOR, NADA DE ÁGUA À VISTA.
— ENTÃO ESTAMOS CONDENADOS.
— VAMOS USAR ESTA SOMBRA PARA ESCREVERMOS NOSSAS ÚLTIMAS PALAVRAS.
ÁGUA

Jornal da Tarde, 19 ago. 2006.

PERÍODO

Período é a frase formada de uma ou mais orações.

Um verbo (ou locução verbal) = uma oração = **período simples**

Dois ou mais verbos (ou locuções verbais) = duas ou mais orações = **período composto**

Ontem **saí** cedo de casa.
um verbo = uma oração = período simples

Ontem **saí** cedo de casa e **voltei** tarde.
dois verbos = duas orações = período composto

1. Transforme a seguinte frase nominal em uma oração com sujeito e predicado, introduzindo um verbo à sua escolha.

"Senhor, nada de água à vista."

2. Na fala "Então estamos condenados" existe uma locução verbal. Portanto o período é:

( ) simples   ( ) composto

3. No mesmo período, qual é o sujeito da forma verbal **estamos**?

SUJEITO E PREDICADO

Geralmente as orações têm duas partes: **sujeito** e **predicado**.

➢ **Sujeito** é o ser de quem declaramos alguma coisa.

➢ **Predicado** é aquilo que declaramos do sujeito.

Posição do sujeito na oração

O sujeito pode aparecer nas seguintes posições na oração.

➢ **sujeito + predicado → ordem direta**

O ser humano   não preserva a natureza.
  sujeito   predicado

➢ **predicado + sujeito → ordem indireta**

Chegaram cedo   os teus amigos.
 predicado   sujeito

➢ **predicado + sujeito + predicado → ordem indireta**

De mansinho nós saímos pela porta do fundo.
 predicado   sujeito   predicado

TIPOS DE SUJEITO

➢ **Sujeito simples** é o que apresenta apenas **um núcleo**.

João trabalha nessa seção.

➢ **Sujeito composto** é o que apresenta **mais de um núcleo**.

João e **Maria** trabalham nessa seção.

➢ **Sujeito oculto, implícito ou desinencial** é aquele que **não aparece escrito** na oração, mas podemos reconhecê-lo pela terminação do verbo.

(nós) Vamos usar essa sombra para escrevermos nossas últimas palavras.

➢ **Sujeito indeterminado** é aquele que não se consegue identificar na oração.

Roubaram meu carro. (3ª pessoa do plural)

Come-se bem por aqui. (3ª pessoa do singular + se)

Quando o sujeito é indeterminado, **o verbo** fica na **3ª pessoa do plural** ou na **3ª pessoa do singular + se**.

➢ **Orações sem sujeito** são aquelas em que os verbos não admitem os pronomes pessoais sujeitos. Essas orações são formadas por **verbos impessoais**.

Relampejou a noite toda.

Principais verbos impessoais

a) Verbos que indicam **fenômenos da natureza**.
   Venta muito no alto da montanha.
   Nevou no sul.
   Choveu ontem.

b) Verbo **ser** com relação a **tempo** e **distância**.
   É cedo.
   São dez horas.
   São 400 quilômetros de São Paulo a Curitiba.

c) Verbo **fazer** usado para indicar **fenômeno da natureza**.
   Fez muito calor ontem.

d) Verbo **haver** no sentido de **existir**.
   Há dois ovos no ninho.

e) Verbos **fazer**, **haver** e **ir** usados para indicar **tempo decorrido**.
   Faz vinte anos.
   Há duas semanas não o vejo.
   Vai para cinco anos que isso ocorreu.

4. Identifique o sujeito das orações e classifique-o.

a) O ladrão entrou no prédio, mas não o viram.

Sujeito do verbo "entrou"

Sujeito da oração "mas não o viram"

b) O cavalo e a vaca são animais úteis ao homem.

c) Telefonaram para você, mas não quiseram se identificar.

Sujeito do verbo "telefonaram"

Sujeito da oração "mas não quiseram se identificar"

d) Hoje em dia, fala-se muito em violência.

e) Precisa-se de vendedora com experiência.

f) Há quanto tempo ele faz isso?

Sujeito da oração "Há quanto tempo"

Sujeito da oração "ele faz isso"

5. Sublinhe o sujeito das orações.
   a) Uma viagem lhe fará muito bem.
   b) Nós queremos que você seja feliz.
   c) Era muito engraçado o cachorrinho da Josefa.
   d) Os descontentes se retiraram da reunião.
   e) Viajamos, minha tia e eu, em busca de um novo emprego.
   f) Por detrás daquele morro se estende uma grande planície.
   g) Viajar faz bem.
   h) Os primeiros serão os últimos.

6. Geralmente, antes de uma tempestade, **venta** muito, **relampeja** e **troveja**.
   a) Os verbos **venta**, **relampeja** e **troveja** são chamados de verbos impessoais porque:
      ( ) Admitem o pronome pessoal (ele).
      ( ) Não admitem o pronome pessoal (ele).
   b) Por isso as orações venta muito / relampeja / e troveja...
      ( ) Formam orações sem sujeito.
      ( ) São orações com sujeito.

7. Destaque do **exercício 5** um sujeito representado por:
   a) um substantivo comum
   b) um adjetivo substantivado
   c) um pronome
   d) um verbo
   e) um numeral
   f) um substantivo comum e um pronome

8. Destaque o núcleo de cada sujeito do **exercício 5**.
   a)
   b)
   c)
   d)
   e)
   f)
   g)
   h)

9. Assinale as alternativas corretas.
   a) Frase é um conjunto de palavras capaz de transmitir nossos sentimentos e pensamentos. ( )
   b) Todas as frases possuem verbo. ( )
   c) Existem frases de uma só palavra. ( )

d) Uma frase tem sentido completo. ( )

10. Invente uma frase:
   a) afirmativa

   b) negativa

   c) interrogativa

   d) exclamativa

11. Complete.
Uma oração geralmente é constituída de _____.

12. Quais são os dois termos da seguinte oração?

João saiu.

João
saiu

13. Complete.
Num período existem tantas orações quantos _____ forem encontrados.

14. Escreva quantas orações há nos períodos.

a) O técnico estava muito satisfeito com o desempenho da equipe. ( )
b) Eu vi uma cobra que deslizava em meio à relva. ( )
c) Vim, vi, venci. ( )
d) O dia já vem raiando, meu bem. ( )

15. Que letras do exercício anterior indicam:
a) períodos simples?
b) períodos compostos?

16. Complete.
O período simples possui _____ ao passo que o período composto possui _____.

17. Sublinhe o núcleo do sujeito, isto é, a palavra principal que constitui o sujeito das seguintes orações.
a) Os operários cansados retornam do serviço.
b) A nossa casa antiga ficava ao pé do morro.
c) Aqueles lindos cabelos louros esvoaçavam no meu pensamento.
d) Nenhuma ideia importante surgiu da reunião.

18. Una os períodos simples num único período composto por meio de pronome relativo precedido de preposição.

> Recebi a carta. Nela você pede nossa lista de preços.
>
> **Recebi a carta em que (na qual) você pede nossa lista de preços.**

a) Esta é a garota. Já lhe falei dela.

b) Aquele é o deputado. Vou votar nele.

c) Esta é a música. Gosto muito dela.

d) Este é o celular. Sonho com ele todos os dias.

e) Este é o amigo. Devo a ele muitos favores.

19. Transforme os períodos simples em períodos compostos por meio das vírgulas ou conjunções entre parênteses.

> Não fui à festa. Estava doente. (*porque*)
> **Não fui à festa porque estava doente.**

a) Nada se cria. Tudo se transforma. (,)

b) Gosto de você. Detesto sua ignorância. (*porém*)

c) O ônibus partiu. Eu cheguei. (*depois que*)

d) Trabalho. Estudo. Quero vencer na vida. (*e – porque*)

e) Vim. Vi. Venci. (, – *e*)

20. Forme os períodos compostos, servindo-se das conjunções entre parênteses. Veja o exemplo.

> correu para me abraçar *(logo que)*
> **Logo que me viu, correu para me abraçar.**

a) fiquei aborrecido *(quando)*

b) esforça-te *(para que)*

c) estamos alegres *(porque)*

d) não tive mais sossego *(depois que)*

e) corte o mal pela raiz *(antes que)*

f) eu o ajudarei *(contanto que)*

21. Quais orações do exercício anterior transmitem ideia de tempo?

transmitem ideia de condição?

ORTOGRAFIA – VAMOS ESCREVER CERTO?

• Complete os diagramas, escrevendo em ordem alfabética as palavras escritas com **j** e as palavras escritas com **g**.

Palavras com j

rijo	ojeriza
laje	gorjeta
pajem	gorjeio
viajem (verbo)	lambujem
jérsei	trejeito
jiboia	berinjela
ultraje	majestade
alfanje	cafajeste

Palavras com g

gesto	auge
monge	herege
tigela	vagem
efígie	gíria
algema	girafa
gesso	geleia
gergelim	ferrugem
gerânio	garagem
aragem	viagem (subst.)
fuligem	

						J						
1						J						
2						J						
3						J						
4						J						
5						J						
6						J						
7						J						
8						J						
9						J						
10						J						
11						J						
12						J						
13						J						
14						J						
15						J						
16						J						

						G							
1						G							
2						G							
3						G							
4						G							
5						G							
6						G							
7						G							
8						G							
9						G							
10						G							
11						G							
12						G							
13						G							
14						G							
15						G							
16						G							
17						G							
18						G							
19						G							

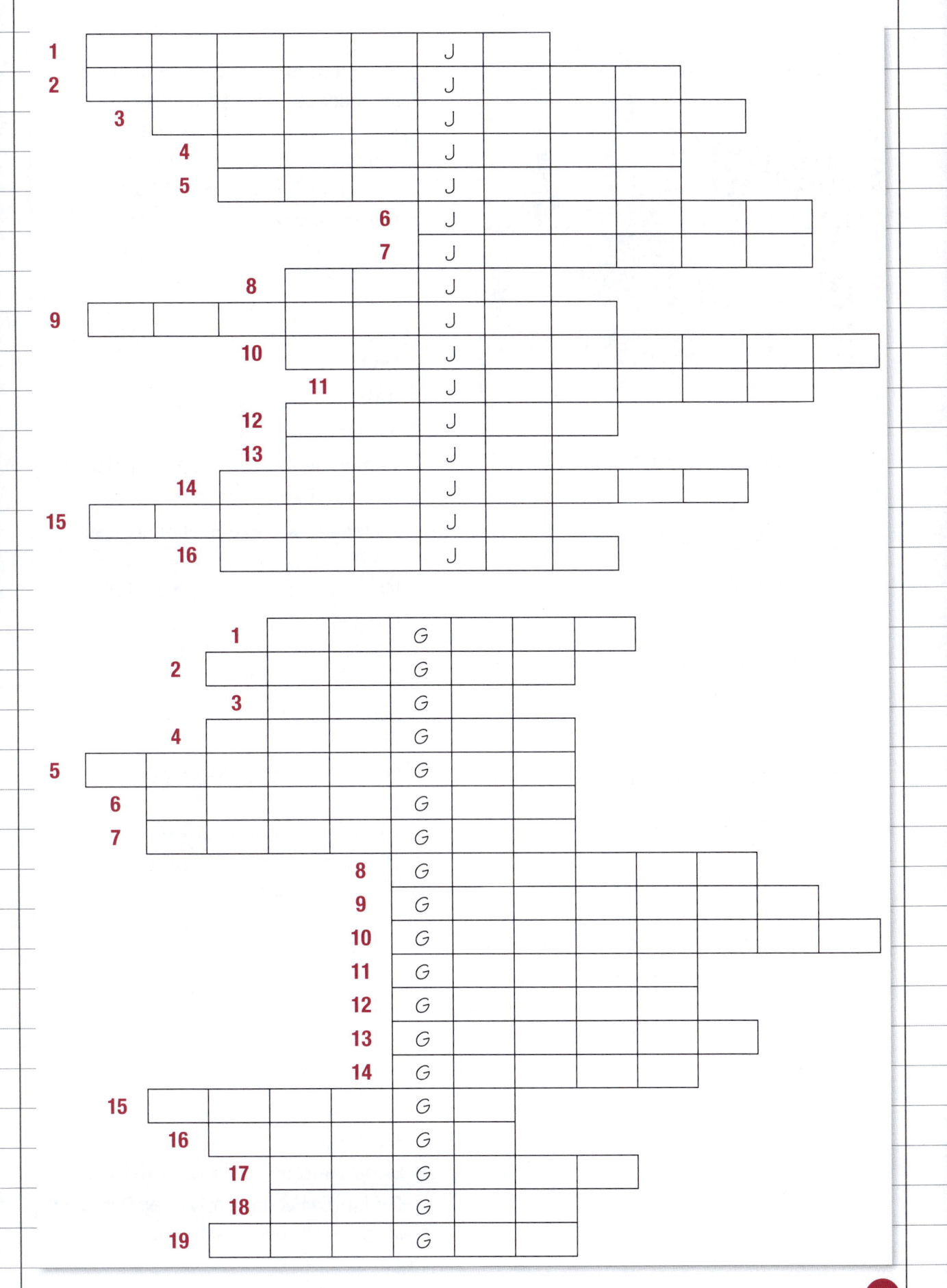

5. Orações coordenadas

Sou Maria mas não vou com as outras.

1. No período "Sou Maria mas não vou com as outras." há duas orações. Quais são?

   Primeira oração:

   Segunda oração:

2. Que palavra (conjunção) está ligando as duas orações?

3. Reescreva o período, substituindo a conjunção por outra equivalente, como todavia, porém, entretanto.

Orações coordenadas são orações independentes. Elas podem ser:
- **sindéticas** – quando se ligam umas às outras por meio de conjunções. Saiu **e** voltou logo.
- **assindéticas** – quando não apresentam conjunção e vêm separadas por vírgulas.
Vim, vi, venci.

As orações **coordenadas sindéticas** são as seguintes.

1. **Aditivas**, indicam adição.
   Ela trabalha **e** estuda.
   Conjunções coordenativas aditivas: e, nem, mas também.

2. **Adversativas**, exprimem oposição, contraste.
   Meu time jogou bem, **mas** perdeu.
   Conjunções coordenativas adversativas: mas, porém, todavia, contudo, entretanto.

3. **Alternativas**, indicam exclusão, alternância.
   Chute para frente **ou** atrase a bola para mim.
   Conjunções coordenativas alternativas: ou; ou... ou; ora... ora; já... já; quer... quer.

4. **Conclusivas**, expressam conclusão, consequência.
   Vive mentindo; **portanto** não merece crédito.
   Conjunções coordenativas conclusivas: logo, portanto, por conseguinte, pois.

5. **Explicativas**, exprimem explicação, motivo.
   Estou cansado, **pois** trabalhei muito.
   Conjunções coordenativas explicativas: porque, pois, que, porquanto.

4. Escreva:

> **ADI** para as orações coordenadas aditivas
> **ADV** para as adversativas
> **AL** para as alternativas
> **CON** para as conclusivas
> **EX** para as explicativas

a) Muitos se esforçam, **mas** poucos conseguem.
( )

b) O amor constrói **e** o ódio destrói.
( )

c) Valem a pena os estudos, **pois** nos trazem benefícios.
( )

d) Jairo se candidatará a deputado **ou** tentará a presidência.
( )

e) Não diga mentiras, **que** a mentira tem pernas curtas.
( )

f) Não polua a terra, **porque** você vai precisar dela.
( )

g) A garota tem boa vontade, **portanto** vai ser bem-sucedida.
( )

5. Relacione as orações em destaque às ideias que expressam.

I. adição, soma
II. oposição, contraste
III. alternância
IV. explicação
V. conclusão

a) Estudou muito, **mas não conseguiu aprovação**.
( )

b) **Ora brigam**, ora estão de bem.
( )

c) Espere, **pois haverá outras oportunidades**.
( )

d) Todo homem é mortal. Pedro é homem, **logo Pedro é mortal**.
( )

e) Não concordou **nem discordou**.
( )

6. Relacione as orações coordenadas em destaque à sua classificação.

I. aditiva
II. adversativa
III. alternativa
IV. conclusiva
V. explicativa

a) Leio muito, **pois quero instruir-me**.
( )

b) Estiveste lá, **logo ouviste a notícia**.
( )

c) Às vezes há mundos num grão de areia **e nada num coração humano**.
( )

d) **Ou lutas contra a corrente** ou serás levado por ela.
( )

e) Esforçamo-nos muito, **porém não conseguimos um bom resultado**.
( )

f) Patrícia é irrequieta, **todavia tem bom coração**.
( )

> **Lembre que:**
> Orações coordenadas assindéticas não têm conectivos e são geralmente separadas por vírgulas.

7. Agora, construa períodos formados por:

a) uma oração coordenada assindética.

b) uma oração coordenada adversativa.

c) uma oração coordenada alternativa.

8. Complete os períodos para formar orações coordenadas aditivas.

> O caminhão **não só** atingiu o poste, **como também** destruiu a casa.

a) _____ atingir o poste, o caminhão destruiu a casa.

b) O caminhão não somente atingiu o poste, _____ destruiu a casa.

c) O caminhão atingiu o poste _____ destruiu a casa.

d) O caminhão não só atingiu o poste, _____ destruiu a casa.

9. Varie o período composto por coordenação, substituindo a conjunção **mas** pelas equivalentes.

> Fez de tudo para salvá-lo, **mas** não conseguiu.

a)

b)

c)

d)

PRÁTICA DE PRODUÇÃO DE TEXTO

Sugestões

Escolha um dos temas a seguir e desenvolva um texto relacionado ao meio ambiente.

- O desafio de conciliar ecologia com desenvolvimento.
- Desenvolver sem destruir.
- Proteger as florestas.
- Limpar a atmosfera.
- Vigiar as indústrias.
- Preservar mares e rios.

6. Orações subordinadas adverbiais

Istoé, nº 1809, jun. 2004.

1. Coloque em ordem direta o texto "Apesar de abrigar... a cada quatro minutos."

2. Qual é o sujeito da oração anterior?

3. Reescreva toda a oração, mudando a expressão "apesar de abrigar" por "embora abrigue".

> **Oração subordinada adverbial** é aquela que funciona como adjunto adverbial da principal, expressando alguma circunstância de tempo, finalidade, causa etc.
>
> Dependendo das circunstâncias expressas pelas conjunções ou locuções conjuntivas, as orações subordinadas adverbiais se classificam em:
>
> | orações subordinadas adverbiais | → circunstâncias |
> |---|---|
> | 1. **temporais** | → tempo (quando, logo que etc.) |
> | 2. **causais** | → causa (porque, já que etc.) |
> | 3. **finais** | → finalidade (para que, a fim de etc.) |
> | 4. **conformativas** | → conformidade (conforme, como etc.) |
> | 5. **condicionais** | → condição (se, caso etc.) |
> | 6. **concessivas** | → concessão (embora, ainda que etc.) |
> | 7. **comparativas** | → comparação (que, tanto quanto, do que etc.) |
> | 8. **proporcionais** | → proporção (à medida que, à proporção que etc.) |
> | 9. **consecutivas** | → consequência (tão... que, tanto... que etc.) |

4. Escreva cada texto embaixo da figura correspondente.
- Use a faixa de pedestre para atravessar a rua com segurança.
- Use o cinto de segurança quando o carro estiver em movimento.
- Não distraia o motorista se ele estiver dirigindo.

Ilustrações: Gaiola Estúdio

5. Releia a legenda das figuras para responder aos itens a seguir.

a) Escreva a oração que indica a condição em que não se deve distrair o motorista.

b) Reescreva a oração condicional usando a conjunção **caso**.

c) Escreva a oração que indica em que tempo (em que momento) se deve usar o cinto de segurança.

d) Copie a frase que contém uma oração subordinada adverbial final e grife esta oração.

e) Reescreva a oração subordinada adverbial final, usando outra conjunção que também indica finalidade.

6. Observe o modelo e complete os períodos com as orações subordinadas pedidas.

> **final** – Os jovens estudam **para que vençam na vida**.

a) **temporal** – A torcida se retirou

b) **comparativa** – O rio Amazonas é mais volumoso

c) **causal** – Chegou atrasado

d) **conformativa** – Executaram o trabalho

7. Complete os períodos com a oração principal. Observe que ela pode vir no começo ou no fim do período.

a)

quando a chuva começou a cair.

b) Logo que recebemos o telefonema

c) Como já fosse tarde

d)

porque estava muito cansado.

e)

a fim de ficar rico.

8. Associe corretamente, classificando a oração em destaque no período composto.

    I. temporal
    II. causal
    III. final
    IV. conformativa
    V. comparativa

a) Semeie hoje **para que colha bons frutos no amanhã**. ( )

b) Os outros nos tratam **conforme os tratamos**. ( )

c) Só valorizamos certas coisas **quando as perdemos**. ( )

d) O silêncio pode comunicar **tanto quanto a palavra**. ( )

e) Não conseguiu emprego **porque não terminou o curso**. ( )

9. Escreva na cruzadinha o que se pede.

1. Todos colhem conforme semeiam. (Conjunção que introduz a subordinada conformativa.)

2. Quando o juiz marcou o pênalti, houve um descontentamento da torcida. (A oração destacada é subordinada adverbial...)

3. Mal chegou, já causou polêmica. (Conjunção que introduz a subordinada temporal.)

4. Foi preso **porque roubou**. (A oração destacada é subordinada adverbial...)

5. É mais veloz que o vento. (Conjunção que introduz a subordinada comparativa.)

6. Muitos prosperaram porque se esforçaram. (Conjunção que introduz a oração subordinada adverbial causal.)

7. Foi reprovado, visto que não dominava o assunto. (Conjunção que liga a oração subordinada causal à principal.)

8. Fiz **conforme me pediram**. (A oração destacada é subordinada adverbial...)

9. O trem já havia partido quando cheguei. (Conjunção que introduz a subordinada adverbial temporal.)

10. Como saiu cedo, não tive oportunidade de transmitir-lhe o recado. (Conjunção que introduz a subordinada adverbial causal.)

11. A vida é mais tranquila no campo **do que na cidade**. (A subordinada destacada é adverbial...)

12. Lutamos **para conquistar uma posição honrada**. (A subordinada destacada é adverbial...)

13. Sobreveio um grande temporal enquanto dormíamos. (Conjunção que introduz a subordinada adverbial temporal.)

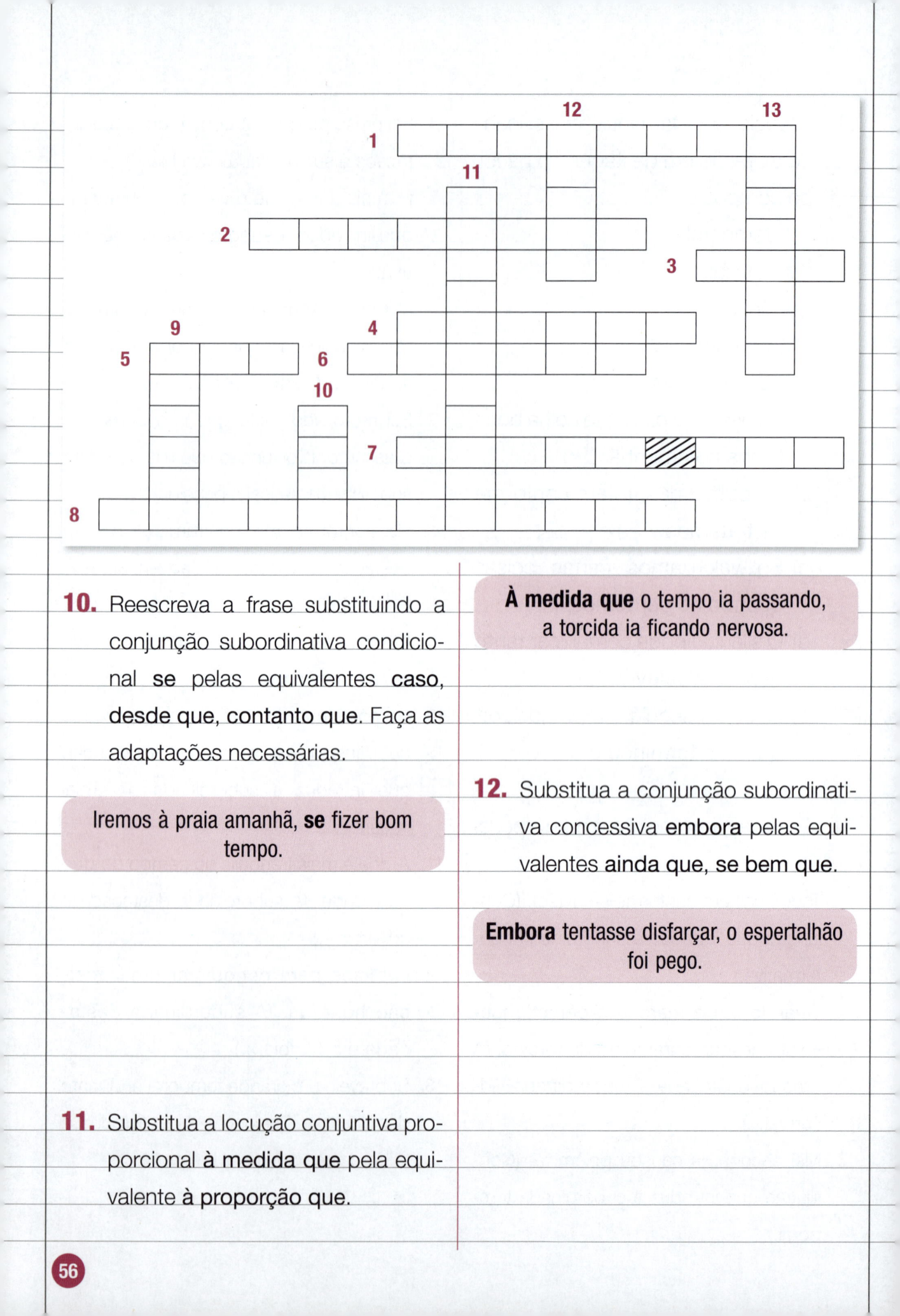

10. Reescreva a frase substituindo a conjunção subordinativa condicional **se** pelas equivalentes **caso, desde que, contanto que**. Faça as adaptações necessárias.

Iremos à praia amanhã, **se** fizer bom tempo.

11. Substitua a locução conjuntiva proporcional **à medida que** pela equivalente **à proporção que**.

À medida que o tempo ia passando, a torcida ia ficando nervosa.

12. Substitua a conjunção subordinativa concessiva **embora** pelas equivalentes **ainda que, se bem que**.

Embora tentasse disfarçar, o espertalhão foi pego.

13. Reescreva o período substituindo, na oração principal, a palavra **tal** pelas equivalentes **tão grande, tanta, tamanha**.

> **Tal** era a simpatia da recepcionista que cativava a todos.

14. Complete o período com a oração subordinada adverbial que se pede.

a) **condicional** (*se, caso...*)
   Ganharemos o jogo

b) **concessiva** (*embora*)
   Conseguiu ser aprovado

c) **proporcional** (*à medida que*)
   A torcida ia ficando cada vez mais nervosa

d) **consecutiva** (*tanto... que*)
   Ganhou tanto dinheiro na loteria

15. Separe as orações, sublinhe e classifique as subordinadas adverbiais, como no exemplo.

> Quando o vi, / cumprimentei-o.
> ↓
> temporal

a) Não saiu porque já era tarde.

b) Estudou a fim de que pudesse passar no concurso.

c) Se fosse honesto, não estaria preocupado.

16. Marque com um X a alternativa que corresponde à classificação da oração destacada.

a) Habituai-vos a obedecer, **para aprender a mandar**. (Rui Barbosa)
   ( ) causal
   ( ) final
   ( ) proporcional

b) A convivência seria melhor **se houvesse respeito e tolerância.**
( ) consecutiva
( ) causal
( ) condicional

c) Seus olhos enganam, **quando pretende mentir.**
( ) temporal
( ) conformativa
( ) condicional

d) **Quando anoitece,** Pedro gosta de jogar *videogame*.
( ) final
( ) temporal
( ) comparativa

e) A notícia era tão exagerada **que ninguém acreditou.**
( ) consecutiva
( ) causal
( ) concessiva

f) **Embora todos continuem afirmando,** ela nega o fato.
( ) condicional
( ) concessiva
( ) comparativa

g) **À medida que vivemos,** mudamos a visão que temos do mundo.
( ) final
( ) comparativa
( ) proporcional

h) Vivia tenso **porque não tinha confiança nos colegas.**
( ) causal
( ) final
( ) proporcional

i) Divertiu-se **como se fosse o último dia.**
( ) comparativa
( ) temporal
( ) concessiva

j) **Segundo me informaram,** o jogo foi transferido.
( ) temporal
( ) final
( ) conformativa

k) **À proporção que os anos passam,** vai ficando cada vez mais ranzinza.
( ) comparativa
( ) proporcional
( ) temporal

l) **Se os espelhos falassem**, haveria menos gente diante deles.
   ( ) final
   ( ) condicional
   ( ) comparativa

17. Reúna os períodos simples em um único período composto, empregando a conjunção pedida. Siga os modelos.

> **consecutiva**
> Correu. Alcançou o ônibus.
> Correu tanto **que** alcançou o ônibus.

a) Estudou. Passou no vestibular.

> **temporal**
> Uns liam jornal. Outros assistiam à novela.
> Uns liam jornal **enquanto** outros assistiam à novela.

b) Eu soube da notícia. Comuniquei-a aos presentes.

ORTOGRAFIA – VAMOS ESCREVER CERTO?

1. Reescreva as palavras, separando as sílabas. Preste atenção na grafia dos encontros consonantais.

a) corrupção
b) adepto
c) captador
d) intelectual
e) pacto
f) impacto
g) compacto
h) convicção
i) ficção
j) fictício
k) adjetivo
l) digno
m) infecção
n) incógnita
o) obstáculo

> **Lembre que:**
> As paroxítonas terminadas em **-r** são acentuadas.

2. Acentue as paroxítonas.
a) carater   d) revolver
b) lider   e) impar
c) martir   f) femur

3. Siga os exemplos nos verbos seguintes.

> ele tem   **eles têm**
> ela mantém **elas mantêm**

a) ela contém
b) ele entretém
c) ela tem
d) ela retém
e) ele detém
f) ele obtém

4. Siga o modelo, escrevendo os substantivos correspondentes aos verbos e acentuando-os corretamente.

| condescender **condescendência** |

a) reger
b) ocorrer
c) viver
d) depender
e) arder
f) persistir
g) desistir
h) concordar
i) mendigar
j) pronunciar
k) renunciar
l) gerenciar
m) falir

As palavras acentuadas perdem o acento quando recebem o sufixo **-zinho**.
Exemplo: só – **sozinho**

5. Com o sufixo **-zinho**, derive palavras de:
a) pé
b) nó
c) café
d) pó
e) fé

Muitos advérbios terminados em **-mente** derivam de adjetivos na forma feminina. Alguns desses adjetivos são acentuados, mas quando recebem o sufixo **-mente** e se transformam em advérbios, perdem o acento.

6. Observe o exemplo e continue o exercício.

| público **pública – publicamente** |

a) régio
b) esperto
c) ativo
d) sórdido
e) poderoso
f) calmo

> **Lembre que:**
>
> As paroxítonas terminadas em ditongo crescente são acentuadas: fér**ia**, funcionár**io**, planíc**ie**, boêm**io**, contrár**io**.
> Observe os principais ditongos crescentes.
>
> réstia, série, pátio, rédea, gêmeos, Páscoa, tábua, tênue, resíduo
>
> ia-ie-io-ea-eo-oa-ua-ue-uo

7. As palavras do quadro são paroxítonas terminadas em ditongo crescente. Acentue-as.

> ansia – hernia – sosia – magnesia
>
> area – femea – redea – dragea
>
> serie – carie – efigie – especie
>
> oleo – roseo – ferreo – cetaceo
>
> nevoa – nodoa – magoa – amendoa
>
> ingenuo – sabio – ardua – tenue
>
> arduo – inocuo

8. Conjugue os verbos **poder** e **querer** no pretérito perfeito do indicativo.

a) **Eu pude**

b) **Eu quis**

9. Observe.

> Estou com muita **sede**.
> (vontade de beber água)
> Onde fica a **sede** do governo?
> (estabelecimento)
> O governo não **cede** às pressões do povo.
> (verbo **ceder**)

- Agora, construa frases usando as seguintes palavras:

a) **sede**, com o significado de "vontade de tomar água".

b) **sede**, com o significado de "estabelecimento".

c) **cede**, do verbo **ceder**.

PRÁTICA DE PRODUÇÃO DE TEXTO

Escreva uma narrativa que apresente em sua composição algumas orações subordinadas adverbiais. Pesquise em uma gramática as diversas conjunções ou locuções conjuntivas e use-as em seu texto.

Lembre-se que as orações subordinadas adverbiais classificam-se em temporais, condicionais, concessivas, proporcionais, causais, consecutivas, comparativas, conformativas e finais.

7. Orações subordinadas adjetivas

> Observe a frase.
> O ser humano **que mente** é desprezível.
>   ↓
>   mentiroso
>
> **que mente** é uma oração subordinada adjetiva.
> **Oração subordinada adjetiva** é a que equivale a um adjetivo.

1. Substitua a oração subordinada adjetiva pelo adjetivo correspondente.

a) O homem **que trabalha** merece uma boa noite de sono.

b) O aluno **que se esforça** aprende.

c) Visitamos uma praia **que atrai** pelo sossego e beleza.

d) Trata-se de uma leitura **que instrui**.

e) É uma peça **que diverte** do começo ao fim.

f) O time **que vencer** receberá um troféu.

g) Esta é uma água **que se pode beber**.

2. Substitua o adjetivo pela oração subordinada adjetiva correspondente.

a) Este é um caso **insolúvel**.

b) Costuma receber a todos com um sorriso **fascinante**.

c) É uma moça **encantadora**.

d) O aluno **estudioso** aprende.

e) Foi um passeio **agradável**.

f) É um rio **piscoso**.

g) Compramos uma terra **produtiva**.

QUE
É pronome relativo quando puder ser substituído por **o qual, a qual, os quais, as quais**. Geralmente é precedido de um substantivo.
Há pessoas <u>que</u> não merecem confiança.
↓
as quais

---

3. Circule o pronome relativo e sublinhe a oração subordinada adjetiva. Observe o modelo.

> Devem ser punidos os cidadãos(que) sonegam impostos.

a) Há pessoas que não merecem confiança.

b) Temos uma inflação que parece incontrolável.

c) A polícia examinava os carros que passavam.

d) Saíram todos que assistiram ao jogo.

e) Aos pais devemos tudo quanto de bom há em nós.

f) Esta é a repartição onde trabalho.

g) Houve um momento em que desconfiei do falsário.

h) Agora apresentaremos a pessoa a quem nos referimos.

Como reconhecer uma oração subordinada adjetiva?

As orações iniciadas por um pronome relativo são subordinadas adjetivas.

São pronomes relativos: **quem, que, qual, cujo, onde, quanto**.

QUANTO
É pronome relativo quando for precedido de **tudo, todos**.
Faça tudo **quanto** ele lhe disser.

QUEM
É pronome relativo se vier precedido de preposição.
Este é o mestre **a quem** muito devemos.

ONDE
É pronome relativo quando puder ser substituído por **em que, no qual, na qual, nos quais, nas quais**.
Este é o país <u>onde</u> nasci.
↓
em que/
no qual

4. Observe o exemplo e ligue as orações com um pronome relativo precedido de preposição.

> Consegui o emprego. Eu precisava muito **dele**.
> Consegui o emprego **de que** (do qual) eu muito precisava.

a) Era um sujeito engraçado. Os colegas o consideravam um grande humorista.

b) Os navios aportavam no litoral. Neles vinham os turistas europeus.

c) Já tirou os documentos. Precisava deles para viajar.

d) Estes são os jornalistas. Concordo com eles.

e) Esta é a garota. Gosto dela.

f) Conheço o artista. Dele recebi um autógrafo.

g) Escreverei ao diretor. A ele relatei o caso.

h) Este é o filme. Eu me lembro do enredo dele.

5. Una os dois períodos simples em um único período composto, substituindo a palavra ou expressão em destaque por um pronome relativo, precedido ou não de preposição. Siga o modelo.

> Tenho uma loja montada. **A loja** vai ser alugada.
> Tenho uma loja montada **que** vai ser alugada.

a) Deu-se um incidente. **O incidente** complicou a situação do comerciante.

b) Os olhos não puderam conter as lágrimas. **As lágrimas** vieram aos borbotões.

c) Há corações hotéis. **Neles** todo mundo entra.

d) Foi atacado por um mal. Os médicos desconheciam **esse mal**.

e) Nessa casa estava um moço alto. **Dele** te falarei depois.

f) Eu vinha do quartel. **No quartel** fui visitar meu primo.

g) É uma rua muito comprida. A **rua** vai desembocar num largo.

6. Responda por extenso, incluindo na sua resposta uma oração subordinada adjetiva e, depois, sublinhe-a. Siga o modelo.

> Qual é a atividade **de que** você mais gosta?
> A atividade <u>**de que mais gosto**</u> é redigir notícias para jornais.

a) Qual foi o filme **de que** você mais gostou?

b) Qual é a pessoa **em quem** você mais confia?

c) Como era o hotel **em que** você se hospedou?

d) Onde nasce o rio **no qual** pescamos nas férias?

e) De que marca era o carro **com que** você saiu?

TIPOS DE ORAÇÕES ADJETIVAS

As orações subordinadas adjetivas podem ser:
- **restritivas** – indicam uma parte do todo.
  Os carros **que não tiverem placa** serão multados.
  (Não serão multados todos os carros, mas apenas aqueles sem placa – uma parte do todo.)
- **explicativas** – indicam alguma qualidade pertencente (inerente) ao ser.
  Funcionam como se fossem um aposto, por isso são isoladas por vírgulas.
  O homem, **que é um ser mortal**, tem uma missão sobre a Terra.
  A Lua, **que é um satélite da Terra**, recebe luz solar.

---

7. Escreva R para as orações subordinadas adjetivas restritivas e E para as explicativas.

a) Os alunos que chegarem atrasados serão advertidos. ( )

b) A vida, que é curta, deve ser bem aproveitada. ( )

c) A perseverança, que é a marca dos fortes, leva a sucessos na vida. ( )

d) Quero somente as fotos que saírem perfeitas. ( )

e) Pedra que rola fica lisa. ( )

f) O carro que bateu vinha a mais de 80 por hora. ( )

g) O Amazonas, que é o maior rio do mundo em volume de água, deságua no oceano Atlântico. ( )

8. Identifique a oração adjetiva que está caracterizando o substantivo "pedaço" e escreva-a.

Miguel Paiva. *O Estado de S. Paulo*, 5 out. 1988.

9. Trata-se de uma oração adjetiva restritiva ou explicativa? Por quê?

ORTOGRAFIA – VAMOS ESCREVER CERTO?

1. Distribua as palavras do quadro a seguir, obedecendo às regras de acentuação explicadas nos itens a, b, c, d, e, f, g.

> armazém, refém, vítima, cócega, desânimo, chá, pé, lá, chapéu, fogaréu, anzóis, graúdo, egoísta, saúde, ficará, maré, vovó, lábio, água, chicória, nó, pó, minúsculo, átimo, má, será, paletós, anéis, faróis, ciúme, doíam

a) Acentuam-se as palavras oxítonas terminadas em ditongos abertos -**éu(s)**, -**éi(s)**, -**ói(s)**. Exemplo: **céu**.

b) Acentuam-se o **i** e o **u** tônicos quando formarem hiato com a vogal anterior. Exemplo: **saía**.

c) Acentuam-se os monossílabos tônicos terminados em -**a**, -**e**, -**o**. Exemplo: **já**.

d) Acentuam-se as palavras paroxítonas terminadas em ditongo crescente. Exemplo: **sítio**.

e) Acentuam-se todas as palavras proparoxítonas. Exemplo: **última**.

f) Acentuam-se as palavras oxítonas terminadas em -**a**, -**e**, -**o**, seguidas ou não de **s**. Exemplo: **sofás**.

g) Acentuam-se as palavras oxítonas terminadas em -**em**, -**ens**. Exemplo: **contém**.

2. Empregue o sinal da crase, quando necessário.

> **Atenção:**
>
> Usamos o sinal da crase quando o artigo **a** se encontra com a preposição **a** diante de palavras femininas. Usamos a crase também com os pronomes **aquela(s)**, **aquele(s)**, **aquilo** quando antes deles vem a preposição **a**:
> Vou **àquela** loja (a aquela).
>
> Lembre-se de usar o sinal da crase nas expressões adverbiais femininas, como às vezes, à noite, às pressas, e com dias da semana e horas (às quintas-feiras, às doze horas...).

a) Foi condenado a dez anos de prisão.
b) Mando lembranças a todos.
c) Chegamos a casa abandonada.
d) Refiro-me aquele rapaz.
e) Voltei a Curitiba de avião.
f) Dirigi-me aquela praça de tantas e tão belas recordações.
g) Obedeçam a esta senhora como obedeciam a mim.
h) Temos assistido a tantas injustiças.
i) Não devo satisfações a nenhuma pessoa.
j) Estamos dispostos a recomeçar tudo.
k) O presidente fará uma visita a cinco estados.
l) Enviamos um cartão-postal a professora.
m) Compareceu as dezoito horas.
n) Prefiro debater esse assunto cara a cara.
o) A qual das meninas você se refere?
p) Pediu a diretora licença para se retirar.
q) Visitas as sextas e aos sábados.
r) Desobedeceu as ordens médicas.
s) A reunião foi a portas fechadas.
t) Não vou a festas nem a reuniões.
u) Não dê ouvidos a reclamações.
v) A entrada do prédio havia um aviso.
w) Vendemos a prazo.

3. Observe o cartaz do mercado e responda.

a) A palavra avícola está escrita corretamente? Por quê?

b) A crase está correta antes da palavra sábado? Por quê?

c) A crase está correta nas expressões:
Das 8h00 às 19h00
Das 8h00 às 13h00
( ) sim
( ) não

Justifique sua resposta.

d) As palavras a seguir não têm acento: amores, tambores, cores, licores, trabalhadores, professores.

Podemos concluir que a palavra **flôres** no cartaz está acentuada de modo:
( ) certo
( ) errado

4. Reescreva as palavras, prestando atenção à grafia dos encontros consonantais.

a) decepcionado

b) opcional

c) decepcionar

d) optar

e) decepção

f) apto

g) opção

h) aptidão

5. O x pode representar vários fonemas (sons). Observe o som do x nas palavras e dê mais alguns exemplos.

a) trouxer,

d) graxa,

b) tóxico,

e) experiência,

c) exame,

6. Complete a cruzadinha escrevendo os numerais por extenso. Observe que o numeral **dez** e seus compostos são escritos com **z**.

13

18

14

17

10   12

16

11

19

15

Lembre que:

Pode-se escrever **catorze** ou **quatorze**.

71

8. Orações subordinadas substantivas – I

Adão Iturrusgarai. Aline. *Folha de S.Paulo*, 29 mar. 2002, p. E7.

1. Reescreva o período "Prometo que vou mudar" empregando o substantivo "mudança" no lugar da oração "que vou mudar".

2. Em "Prometo que vou mudar", que oração está completando o sentido do verbo **prometer**?

Observe a frase.
Todos exigem <u>que você compareça</u>.
(or. subord. subst.)

Todos exigem o seu **comparecimento**.
(substantivo)

Orações subordinadas substantivas são as que exercem a função de um substantivo (têm o valor de um substantivo, equivalem a um substantivo).

3. Observe o modelo e substitua o verbo da oração subordinada substantiva por um substantivo.

> Os cidadãos querem que o governador os **apoie**.
> Os cidadãos querem o **apoio** do governador.

a) Pediram que o professor os **auxiliasse**.

b) Anunciaram que o presidente **chegaria**.

c) Informaram que o avião **partiria**.

d) É importante que eles se **unam**.

e) Procure evitar que eles se **desentendam**.

f) É necessário que todos **participem**.

g) É lamentável que eles **faltem**.

4. Transforme o substantivo na oração subordinada substantiva correspondente. Siga o exemplo.

> Espero a sua **colaboração**.
> Espero **que você colabore**.

a) Precisamos da sua **ajuda**.

b) Pediram a minha **demissão**.

c) É necessária a **intervenção** do governo.

d) Verifiquei a **existência** de moléstias graves entre as crianças.

e) É indispensável a **difusão** do bem.

f) Aguardo o seu **chamado**.

As orações **subordinadas substantivas** podem exercer as mesmas funções dos substantivos. Elas se classificam em:
- subjetivas
- objetivas diretas
- objetivas indiretas
- completivas nominais
- predicativas
- apositivas

ORAÇÃO SUBORDINADA SUBSTANTIVA SUBJETIVA

Exerce a função de sujeito.

           sujeito
         ↑

É necessária **a sua orientação**.
É necessário **que você oriente**.
        ↓

   oração subordinada substantiva subjetiva

Como reconhecer uma oração subordinada substantiva subjetiva

O verbo da oração principal aparece na 3ª pessoa do singular e o sujeito é a própria oração subordinada substantiva.

É possível **que eu acerte**.
↓
verbo na 3ª pessoa do singular

---

5. Transforme o sujeito em oração subordinada substantiva subjetiva. Siga o exemplo.

> É preciso **a sua cooperação**.
> É preciso **que você coopere**.

a) É indispensável **a sua participação**.

b) Importa **o seu progresso**.

c) É suficiente **a sua explicação**.

d) É necessária **a nossa participação**.

e) Convém **a nossa permanência**.

6. Complete livremente com uma oração subordinada substantiva subjetiva.

a) Convém que

b) Sabe-se que

c) É necessário que

d) Importa que

e) Parece que

f) É justo que

g) É preciso que

h) Fala-se que

i) É possível que

j) É bom que

> **Atenção:**
>
> Cuidado para não confundir a oração objetiva direta com a oração subjetiva, em que o verbo tem como sujeito a própria oração subjetiva.
>
> oração subordinada substantiva objetiva direta
> Espero **que você aprenda português**.
>
> É importante **que você aprenda português**.
> oração subordinada substantiva subjetiva

7. Sublinhe as orações subordinadas substantivas objetivas diretas.

a) Pediu que se retirassem.

b) Disse que voltaria logo.

c) Percebeu que o haviam enganado.

d) Pensei que seríamos vitoriosos.

e) Perguntei-lhe se sabia do ocorrido.

8. Complete livremente com uma oração subordinada substantiva objetiva direta.

a) Não queremos que

b) Receio que

ORAÇÃO SUBORDINADA SUBSTANTIVA OBJETIVA DIRETA

Exerce a função de objeto direto.

objeto direto
Ele comunicou **a sua partida**.
Ele comunicou **que partiria**.
↓
oração subordinada substantiva objetiva direta

Como reconhecer uma oração subordinada substantiva objetiva direta

O verbo da oração principal é transitivo direto.
Faz-se a pergunta **o quê?** ao verbo da oração principal.

c) Perguntaram se

d) Queriam **a nossa volta**.

d) Imaginou que

e) Os jornais informaram **a vitória do candidato**.

e) Você sabe se

10. Classifique as orações subordinadas. Siga o exemplo.

9. Transforme o objeto direto em oração subordinada substantiva objetiva direta. Siga o exemplo.

> É sabido **que ele é muito exigente**. **Subordinada substantiva subjetiva**.

> Solicitaram **o meu comparecimento**. Solicitaram **que eu comparecesse**.

a) A polícia impediu **que invadissem a fazenda**.

a) Pediram **a minha assinatura**.

b) O avião **que caiu** vinha do Sul.

b) Impediram **a entrada dele**.

c) É preciso **que todos evitem a violência**.

c) Conseguiram **a classificação do time**.

d) A professora disse **que voltaria logo**.

ORAÇÃO SUBORDINADA SUBSTANTIVA OBJETIVA INDIRETA

Exerce a função de objeto indireto.

objeto indireto

Precisamos **de apoio**.
Precisamos **de que nos apoie**.

oração subordinada substantiva objetiva indireta

Como reconhecer uma oração subordinada substantiva objetiva indireta
- O verbo da oração principal é seguido de preposição.
- O verbo da oração principal é transitivo indireto.
- Podemos fazer as perguntas **de quê?, de quem?, a quê?, a quem?** ao verbo da oração principal.

Não me **oponho a** que saias com ele.
O verbo da oração principal é transitivo indireto e exige a preposição **a**.
Não me oponho **a quê?**

11. Sublinhe as orações subordinadas substantivas objetivas indiretas.

a) Ele se lembra de que eram seis.

b) Não se esqueça de que tem um horário rígido.

c) Tudo depende de que estejas bem preparado.

d) Insistiu em que não fôssemos à festa.

e) Gosto de que tenham uma boa orientação.

12. Complete com uma oração subordinada substantiva objetiva indireta.

a) Recorde-se de que

b) Duvido de que

c) Convenceu-se de que

d) O professor não se opõe a que

PRÁTICA DE PRODUÇÃO DE TEXTO

9. Orações subordinadas substantivas – II

COMPLEMENTO NOMINAL

O complemento nominal é o **complemento de um nome**, isto é, de um **substantivo**, **adjetivo** ou **advérbio**, que não tem sentido completo.

Isa tem <u>saudades</u> <u>da família</u>.
  ↓   ↓
(nome)   complemento nominal
substantivo (Está completando o nome.)

Esta criança está <u>cheia</u> <u>de vontades</u>.
         ↓   ↓
      (nome)   complemento nominal
      adjetivo   (Está completando o adjetivo.)

Eu moro <u>longe</u> <u>do trabalho</u>.
     ↓   ↓
  (nome)   complemento nominal
  advérbio   (Está completando o advérbio.)

1. Complete as orações com complementos nominais. A seguir, classifique as palavras que estão em destaque.

a) Rose é **fiel**

b) Meu filho viu a **destruição**

c) Viajarei **independentemente**

DIFERENÇA ENTRE COMPLEMENTO NOMINAL E OBJETO INDIRETO

➢ O complemento nominal e o objeto indireto vêm sempre **precedidos de preposição**.

➢ Portanto, para não confundir os dois, é importante verificar quando se trata do complemento de um **verbo** ou de um **nome**.

➢ O **objeto indireto** completa os verbos **transitivos indiretos**.

Arthur se <u>orgulha</u> <u>de seu filho</u>.
       ↓   ↓
     verbo   objeto indireto
           (Está completando o verbo.)

➢ O **complemento nominal** completa nomes (substantivo, adjetivo, advérbio).

Arthur tem <u>orgulho</u> <u>de seu filho</u>.
        ↓   ↓
    substantivo   complemento nominal
           (Está completando o nome.)

2. Complete as orações usando complementos nominais (**CN**) ou objetos indiretos (**OI**), identificando-os. Siga o exemplo.

> Devemos **obedecer** às **leis ambientais**.
> OI
> Devemos **obediência** às **leis ambientais**.
> CN

a) Carlos necessita

b) Ele tem gosto

c) Maria deu um casaco

d) Ela tem preferência

e) Arthur tem necessidade

f) Juliana gosta

g) Francisco ofereceu seus serviços

h) Isso tem cheiro

i) A menina trabalha perto

j) Cíntia tem horror

ORAÇÃO SUBORDINADA SUBSTANTIVA COMPLETIVA NOMINAL

Exerce a função de complemento nominal. Como o complemento nominal, a oração subordinada substantiva completiva nominal vem **precedida de preposição**.

Tenho certeza **de sua vitória**.
↓
complemento nominal

Tenho certeza **de que você vencerá**.
↓
oração subordinada substantiva completiva nominal

---

3. Classifique as orações destacadas em completivas nominais ou objetivas indiretas.

a) Lembre-se **de que você precisa defender a natureza**.

b) Faço votos **de que a Terra seja preservada**.

c) Tenho certeza **de que o mundo vai melhorar**.

d) Sou favorável **a que venhas**.

e) Recebi a confirmação **de que tudo vai bem**.

f) O resultado positivo depende **de que tenhas boa vontade**.

g) Temos necessidade **de que nos ajude**.

h) Estou receoso **de que não chegues a tempo**.

i) Tenho consciência **de que agi bem**.

> **ORAÇÃO SUBORDINADA SUBSTANTIVA PREDICATIVA**
> Exerce a função de predicativo.
> Meu desejo é **a tua felicidade**.
> ↓
> predicativo
> Meu desejo é **que sejas feliz**.
> ↓
> oração subordinada substantiva predicativa

4. Complete com uma oração subordinada substantiva predicativa.

a) Meu receio é

b) Nossa esperança é

c) Sua resposta foi

5. Assinale somente as orações predicativas.

a) Acredito que já é tarde. ( )

b) A verdade é que nada disso existiu. ( )

c) Minha opinião era que ele deveria fechar o negócio. ( )

d) Supõe-se que ele será o conferencista. ( )

e) O problema é que eles estão desconfiados. ( )

> **ORAÇÃO SUBORDINADA SUBSTANTIVA APOSITIVA**
>
> Exerce a função de aposto.
>
> Só tenho um desejo: **a tua felicidade**.
> ↓
> aposto
>
> Só tenho um desejo: **que sejas feliz**.
> ↓
> oração subordinada
> substantiva apositiva

6. Separe a oração principal da subordinada por meio de dois-pontos e sublinhe a subordinada apositiva.

a) O orador exclamava isto "O Brasil já está saindo da crise".

b) Em casa dizia sempre a mesma coisa que a vida andava difícil.

c) Imponho-lhe uma condição que seja correto.

d) O diretor deu uma ordem que todos trabalhassem em silêncio.

7. Complete com uma oração subordinada substantiva apositiva.

a) Só vejo uma possibilidade:

b) Fiz uma promessa:

c) Peço-lhes apenas isto:

d) Só lhe digo uma coisa:

e) Meu medo é este:

f) Deixou um aviso:

8. Marque a alternativa correta de acordo com o tipo de oração subordinada substantiva destacada.

a) Convém **que saibas a verdade**.
( ) subjetiva
( ) apositiva
( ) predicativa

b) Peço **que sejas responsável**.
( ) objetiva indireta
( ) objetiva direta
( ) subjetiva

c) Convenceram-no **de que deveria voltar**.
( ) subjetiva
( ) predicativa
( ) objetiva indireta

d) Minha maior alegria é **que você tenha sucesso**.
( ) apositiva
( ) predicativa
( ) objetiva indireta

e) Seja agradecido **a quem lhe aponta o caminho**.
( ) subjetiva
( ) objetiva direta
( ) completiva nominal

f) Peço-lhes um favor: **não façam barulho**.
( ) apositiva
( ) subjetiva
( ) objetiva indireta

g) Lembre-se **de que ninguém é perfeito**.
( ) objetiva indireta
( ) objetiva direta
( ) subjetiva

h) Há suspeita **de que tenha fraturado a perna**.
( ) completiva nominal
( ) objetiva indireta
( ) subjetiva

i) Meu parecer é **que não devemos perder tempo**.
( ) subjetiva
( ) objetiva direta
( ) predicativa

j) Disse **que dormia pouco**.
( ) objetiva direta
( ) subjetiva
( ) predicativa

k) Só lhe imponho uma condição: **que respeite o horário**.
( ) predicativa
( ) apositiva
( ) subjetiva

l) Já me convenci **de que a mentira não compensa**.
( ) objetiva direta
( ) completiva nominal
( ) objetiva indireta

m) É provável **que o meu time seja campeão**.
( ) subjetiva
( ) objetiva direta
( ) completiva nominal

ORTOGRAFIA – VAMOS ESCREVER CERTO?

1. Copie as palavras a seguir nos locais indicados, prestando atenção na grafia.

Filipinas
possui
empecilho
mexerico
enseada
deferir (conceder)
diferir (divergir)
delatar (denunciar)
dilatar (prolongar)
despensa (lugar onde se guardam mantimentos)
dispensa (licença)
discrição (reserva, prudência)
descrição (ato de descrever)
piorar
Sicília
anteontem
cemitério
antecipar
pátio
intoxicar
arrepiar
decidido
embutir
estrear

preferir
rédea
óleo
preá
páreo
malcriado
má-criação
influi
distinguir
apear
beneficente
desfrutar
oceano
privilégio

Escrevem-se com e:

Escrevem-se com i:

2. Complete a cruzadinha com o que se pede.

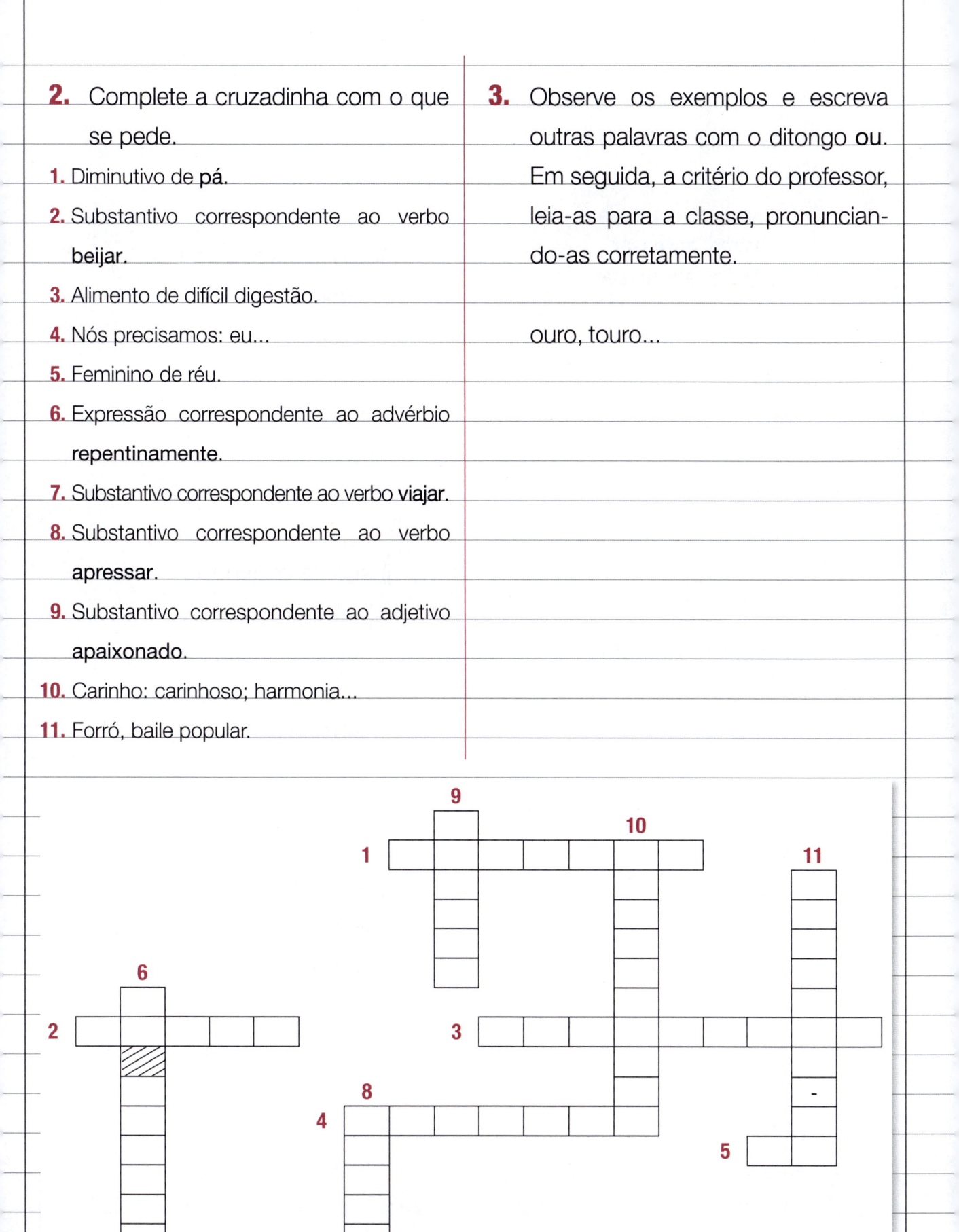

1. Diminutivo de **pá**.
2. Substantivo correspondente ao verbo **beijar**.
3. Alimento de difícil digestão.
4. Nós precisamos: eu...
5. Feminino de réu.
6. Expressão correspondente ao advérbio **repentinamente**.
7. Substantivo correspondente ao verbo **viajar**.
8. Substantivo correspondente ao verbo **apressar**.
9. Substantivo correspondente ao adjetivo **apaixonado**.
10. Carinho: carinhoso; harmonia...
11. Forró, baile popular.

3. Observe os exemplos e escreva outras palavras com o ditongo **ou**. Em seguida, a critério do professor, leia-as para a classe, pronunciando-as corretamente.

ouro, touro...

4. Derive verbos e adjetivos dos substantivos a seguir. Siga o exemplo.

> substantivo: pressa
> verbo: **apressar**
> adjetivo: **apressado**

a) substantivo: paixão
   verbo:
   adjetivo:

b) substantivo: coragem
   verbo:
   adjetivo:

c) substantivo: decisão
   verbo:
   adjetivo:

d) substantivo: maciez
   verbo:
   adjetivo:

e) substantivo: harmonia
   verbo:
   adjetivo:

f) substantivo: sorriso
   verbo:
   adjetivo:

g) substantivo: existência
   verbo:
   adjetivo:

h) substantivo: digestão
   verbo:
   adjetivo:

i) substantivo: atraso
   verbo:
   adjetivo:

j) substantivo: doce
   verbo:
   adjetivo:

k) substantivo: inchaço
   verbo:
   adjetivo:

l) substantivo: preguiça
   verbo:
   adjetivo:

5. Forme substantivos a partir dos adjetivos a seguir.

a) maldoso

b) sólido

c) escasso

d) consistente

e) desleixado

f) fabuloso

g) indiferente

h) espesso

i) complexo

j) estável

k) salvo

l) executado

m) bravo

n) estúpido

o) feliz

p) louco

q) belo

10. Orações subordinadas reduzidas de particípio, gerúndio e infinitivo

Observe os períodos.

A. **Quando terminou o jogo**, voltamos.
   ↓
   oração desenvolvida

B. **Terminado o jogo**, voltamos.
   ↓
   oração reduzida de particípio

A. Vimos pássaros **que fugiam**.
   ↓
   oração desenvolvida

B. Vimos pássaros **fugindo**.
   ↓
   oração reduzida de gerúndio

A. Admitiu **que estava errado**.
   ↓
   oração desenvolvida

B. Admitiu **estar errado**.
   ↓
   oração reduzida de infinitivo

Você observou que, nas orações B, foram eliminados o pronome relativo e as conjunções e que os verbos aparecem nas formas nominais, isto é, no **infinitivo**, no **gerúndio** ou no **particípio**. Tratam-se de orações reduzidas.

Oração reduzida é aquela que não apresenta conectivo e na qual o verbo está numa forma nominal.

1. Transforme as orações desenvolvidas em reduzidas de particípio.

a) **Quando iniciou a confusão**, juntou muita gente.

b) **Depois que terminaram o trabalho**, dirigiram-se à lanchonete.

c) **Logo que o temporal passou**, surgiu o arco-íris.

d) A carta **que foi enviada ao correio** ainda não chegou ao destino.

e) **Quando descobriram as ilhas**, houve muito festejo.

2. Desenvolva as seguintes orações reduzidas de particípio.

a) Atracados nos portos, os navios aguardam descarregamento.

b) Lido o texto, os alunos iniciaram os exercícios.

c) Acabadas as férias, os alunos voltaram às aulas.

d) Encerrado o prazo, Roberto pagou com multa.

3. Transforme as orações desenvolvidas em reduzidas de gerúndio.

a) Quando brincava na calçada, a menina se machucou.

b) Vi um garoto que ajudava uma velhinha.

c) Enquanto pesca à beira do rio, o homem se distrai.

d) Porque estava com fome, dirigiu-se ao bar.

e) Quando pressentiram o perigo, chamaram por socorro.

4. Desenvolva as seguintes orações reduzidas de gerúndio.
a) Havia dois motoqueiros correndo velozmente.

b) Saíam, diariamente, caminhões transportando cereais.

c) Estando o tempo feio, não pudemos sair.

d) Não tendo pago a conta, cortaram-lhe a luz.

e) Esquecendo-se dos deveres, o homem prejudica a si mesmo.

5. Transforme as orações desenvolvidas em reduzidas de infinitivo. Siga o exemplo.

> Convém que voltem logo.
> **Convém voltarem logo.**

a) Peço-lhe que esteja aqui às oito.

b) Faltou à aula porque estava doente.

c) Acredito que estou bem informado.

d) É necessário que entremos num acordo.

e) É importante que saibamos evitar acidentes.

6. Desenvolva as seguintes orações reduzidas de infinitivo.
   a) Admitiu estar assustado.

   b) É bom ficarmos amigos.

   c) Convém evitarmos os vícios.

   d) É preciso caminhar sem medo.

Lembre que:

Quanto às funções, classificamos as orações reduzidas como as desenvolvidas.

ORTOGRAFIA – VAMOS ESCREVER CERTO?

Acentuam-se o **i** e o **u** tônicos das palavras oxítonas e paroxítonas que formarem hiato com a vogal anterior.

1. Acentue o i e o u de acordo com a regra anterior.

poluida	ruina
sanduiche	jesuita
ciume	viuvo
ruido	proteina
genuino	amiude
traira	reune
prejuizo	saida
baia	suino
proibe	paraiso
faisca	juizo
suiço	egoista
heroismo	sauva
cuica	corruira
miudo	beduino
saude	graudo
ateismo	cafeina

2. Escreva os substantivos e os adjetivos correspondentes aos verbos a seguir. Siga o exemplo.

verbo: exilar
substantivo: **exílio**
adjetivo: **exilado**

a) verbo: exagerar
   substantivo:
   adjetivo:

b) verbo: exaltar
   substantivo:
   adjetivo:

c) verbo: examinar
   substantivo:
   adjetivo:

d) verbo: exibir
   substantivo:
   adjetivo:

e) verbo: exigir
   substantivo:
   adjetivo:

f) verbo: existir
   substantivo:
   adjetivo:

g) verbo: exonerar
   substantivo:
   adjetivo:

h) verbo: exortar
   substantivo:
   adjetivo:

3. Faça o mesmo que no exercício anterior. Siga o exemplo.

> verbo: expor
> substantivo: **exposição**
> adjetivo: **exposto**

a) verbo: aproximar
   substantivo:
   adjetivo:

b) verbo: intoxicar
   substantivo:
   adjetivo:

c) verbo: explicar
   substantivo:
   adjetivo:

d) verbo: extasiar
   substantivo:
   adjetivo:

e) verbo: explorar
   substantivo:
   adjetivo:

f) verbo: extrair
   substantivo:
   adjetivo:

g) verbo: extirpar

substantivo:

adjetivo:

h) verbo: explicitar

substantivo:

adjetivo:

f) A _____ e a _____ fazem parte do Sistema Solar.

g) O brilho da _____ infiltrava-se pelas folhagens do bosque.

> Os prefixos **in-** e **des-** indicam ideia contrária, oposta e, portanto, formam palavras antônimas. Observe os exemplos.
>
> graça: **des**graça
>
> feliz: **in**feliz
>
> Quando o prefixo **in-** aparece diante de palavras que começam por **p** ou **b**, toma a forma **im-**. Quando aparece diante de palavras começadas por **r**, toma a forma **ir-** e, diante de **l**, a forma **i-**. Observe alguns casos.
>
> piedosa: **im**piedosa
>
> real: **ir**real
>
> legal: **i**legal

Lembre que:

A palavra **Terra**, quando significa o nome do nosso planeta, é escrita com inicial maiúscula. Também usamos iniciais maiúsculas nos nomes próprios dos planetas, dos satélites e das estrelas. Entretanto, ao nos referirmos a atributos ou características desses astros, empregamos iniciais minúsculas.

4. Empregue, nas frases a seguir, **Terra** ou **terra**, **Sol** ou **sol**, **Lua** ou **lua**.

a) Vamos à praia tomar banho de _____.

b) O _____ é uma estrela de quinta grandeza.

c) Os agrotóxicos poluem as águas e a _____.

d) Os astronautas tiraram fotos da _____.

e) A _____ é o satélite da _____.

5. Dê o antônimo das palavras, empregando o prefixo **in-** (e suas variantes).

a) responsável

b) racional

c) realizável

d) regular

e) legítimo

f) lícito

g) legível

h) ativo

i) existente

j) possível

k) perdoável

l) provável

m) eficaz

n) legal

o) felicidade

p) revogável

> Quando o prefixo **des-** se junta a palavras iniciadas por **h**, esta letra desaparece.

6. Dê o antônimo das palavras a seguir, usando o prefixo **des-**.

a) crente

b) honesto

c) honra

d) fazer

e) hidratado

f) harmonia

g) conhecer

h) habitado

i) habituado

j) obediente

k) humano

> **Homônimos** são palavras que têm a mesma pronúncia e, às vezes, a mesma grafia. Cuidado, porém, para não confundi-las, pois essas palavras têm sentidos diferentes.
>
> **ouve:** escuta
> **houve:** existiu
>
> **hora:** espaço de tempo de 60 minutos
> **ora:** conjunção, advérbio ou interjeição
>
> **acender:** pôr fogo, atear
> **ascender:** subir
>
> **calda:** suco
> **cauda:** rabo
>
> **conserto:** reparo
> **concerto:** espetáculo musical

acento: sinal gráfico
assento: lugar onde as pessoas se sentam

caçar: capturar animais
cassar: anular

coxo: manco
cocho: comedouro de animais

7. Agora, construa uma frase usando a palavra **acento** e outra com a palavra **assento**.

a)

b)

8. Complete a cruzadinha com o que se pede.

1. Sinal gráfico.
2. Lugar onde as pessoas se sentam.
3. Escuta. (verbo; 3ª pessoa do singular)
4. Rabo.
5. Reparo.
6. Verbo **haver** no pretérito perfeito, 3ª pessoa do singular.
7. Calda: suco; **cauda:**

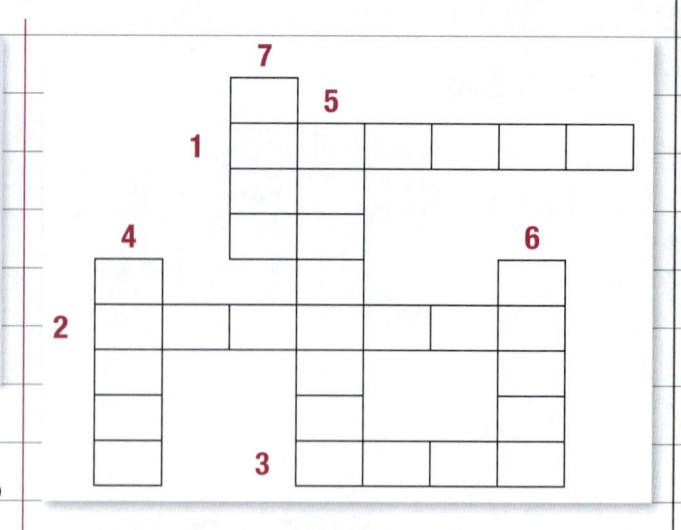

PRÁTICA DE PRODUÇÃO DE TEXTO

Pesquise (em jornais, revistas e/ou na internet) textos sobre projetos desenvolvidos para acabar com a fome e a miséria no Brasil. Com base nas informações recolhidas, expresse opiniões sobre os projetos e responda: você teria uma solução melhor para acabar com esse problema social?

11. Denotação e conotação

DENOTAÇÃO E CONOTAÇÃO

Observe o sentido da palavra **pregado** nas frases.

- Há um quadro **pregado** na parede.
- Ficou com os olhos **pregados** na tevê.

Você percebeu que a palavra **pregado** possui diferentes sentidos nessas frases. No primeiro exemplo, ela foi usada no sentido próprio, literal, comum: **pregado, fixado com pregos**. Nesse caso, temos o sentido **denotativo**.

No segundo exemplo, ela assume um sentido figurado, paralelo, associativo: **pregados, fixos, presos**. Nesse caso, temos o sentido **conotativo**.

Atenção:

O sentido **denotativo** é empregado, por exemplo, na linguagem científica, em que se procura abordar os aspectos objetivos da realidade.

O sentido **conotativo** é bastante empregado na linguagem literária e afetiva, em que predomina o aspecto subjetivo.

1. Leia com atenção os textos e responda às questões propostas.

TEXTO 1

Paradoxos de nosso tempo

Hoje temos edifícios mais altos, mas pavios mais curtos.

Autoestradas mais largas, mas pontos de vista mais estreitos.

Limpamos o ar, mas poluímos a alma.

Tivemos avanços na quantidade, mas não em qualidade.

Esses são tempos de refeições rápidas e digestão lenta, de homens altos e caráter baixo, lucros expressivos, mas relacionamentos rasos. Mais lazer, mas menos diversão. Maior variedade de tipos de comida, mas menos nutrição.

São dias de viagens rápidas, fraldas descartáveis e moralidade também descartável e pílulas que fazem de tudo: alegrar, aquietar, matar.

Rádio Jovem Pan. *Ame! Ame intensamente e viva melhor.*

TEXTO 2

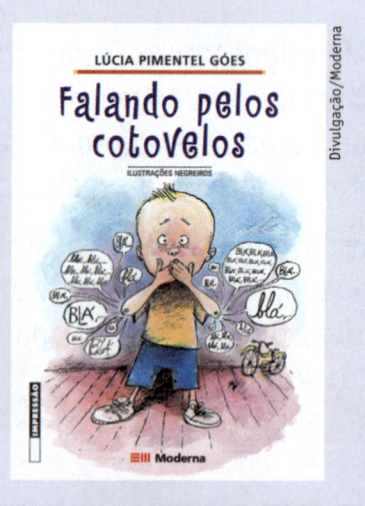

Lúcia Pimentel Góes. *Falando pelos cotovelos*. São Paulo: Moderna, 1993.

a) Os dois textos usam linguagem figurada?

( ) sim ( ) não

b) No texto 1, quais destas expressões foram usadas em linguagem figurada, isto é, conotativa?

"pavios mais curtos", "poluímos a alma", "caráter baixo", "edifícios mais altos", "autoestradas mais largas".

c) Explique o que quer dizer a expressão que dá título ao livro de Lúcia Pimentel Góes. (texto 2)

d) Assinale a frase na qual a palavra "pavio" foi usada em sentido conotativo.

( ) O pavio da vela era espesso e comprido.

( ) João fez a prova de fio a pavio.

e) O que significa a expressão "ter pavio curto"?

2. Escreva **D** para sentido denotativo e **C** para sentido conotativo.

a) Esticou um olho lá para a sala. ( )

b) A rosa desabrochou. ( )

c) Ela é uma rosa de bonita. ( )

d) O galho da árvore quebrou. ( )

e) Ela vai quebrar o meu galho emprestando o dinheiro. ( )

3. Escreva uma frase empregando a palavra **doce** em sentido conotativo.

4. Complete os períodos fazendo comparações.

a) Isso é leve

b) Essa pedra é mais pesada do que

c) Finalmente estou livre

d) A roupa ficou tão branca

e) A água está fria

5. Crie três frases em que apareçam comparações.

a)

b)

c)

FIGURAS DE LINGUAGEM

Para dar mais vida, beleza, força e colorido à expressão oral ou escrita, dispomos de recursos chamados **figuras de linguagem**. As principais são: comparação, metáfora, metonímia, catacrese, elipse, pleonasmo, silepse, onomatopeia, prosopopeia, ironia, eufemismo, perífrase e hipérbole. Elas poderão auxiliá-lo a enriquecer sua capacidade de expressão.

COMPARAÇÃO

Na **comparação**, associamos dois elementos que possuem algum tipo de semelhança.
Essa associação é feita por meio das palavras **como**, **tal**, **qual**, **assim como**, **feito**, **igual**...
Ele é forte **como** um touro.

METÁFORA

Na **metáfora**, comparamos dois elementos que possuem algum tipo de semelhança, mas essa associação é direta, sem o auxílio das palavras como, que nem...

Sônia é bela **como uma flor**. (comparação)
Sônia é **uma flor**. (metáfora)

Nessas frases, Sônia é comparada a uma flor. O elemento comum entre Sônia e a flor é a beleza.

Sônia ← beleza → flor
↓
elemento comum

6. Siga o exemplo anterior, transformando comparações em metáforas.

a) A vida é como uma luta.

b) O Universo é como um grande livro.

7. Com os elementos a seguir, forme frases em que ocorra metáfora. Siga o exemplo.

aquele homem / um leão
Aquele homem é um leão.

a) aquela moça / um doce

b) ler / uma viagem

8. Observe outros exemplos de metáfora e, em seguida, sublinhe as expressões que indicam metáfora nos itens a seguir.

Ele tem nervos **de aço**.
(O aço é **duro**; ele tem nervos resistentes, fortes, como o aço.)
Ela tem lábios **de rosa**.
(A rosa é **bela** e **colorida**; ela tem lábios belos e corados como a rosa.)

a) Murchou o seu entusiasmo.
b) O ideal é a estrela que nos guia.
c) Tinha a tempestade na alma.
d) O fogo da paixão a dominava.

9. Explique em que sentido foram empregadas as palavras em destaque nas metáforas a seguir.

a) Da discussão nasce a **luz**.

b) Toda profissão tem seus **espinhos**.

c) A praça **fervia** de gente.

d) O pugilista tinha braço **de aço**.

e) Conquistou um alto **posto**, mas antes teve de vencer várias **barreiras**.

c) Hoje o dia está muito **quente**.

d) Ele caiu e se **feriu** no joelho.

e) Ele se internou por problemas no **coração**.

10. As palavras em destaque foram usadas em sentido próprio. Escreva uma frase empregando-as em sentido figurado ou metafórico.

a) Você esqueceu a **chave** no carro.

b) A **onda** veio em minha direção, molhando meus pés.

11. Assinale as frases em que há metáfora.

a) O Sol nos aquece com seu **calor**. ( )

b) No **calor** da discussão, não media palavras. ( )

c) Seu olhar era **doce** e meigo. ( )

d) Essa fruta é **doce**? ( )

e) Dormia em cima de uma pedra **fria**. ( )

f) Era uma pessoa **fria** e calculista. ( )

12. Transforme as comparações em metáforas. Siga o exemplo.

> Meu pai ficou furioso como uma fera.
> **Meu pai ficou uma fera.**

a) Ele é lento como uma tartaruga.

b) Rubião ficou vermelho como um pimentão.

c) No verão, a sala ficava quente como um forno.

METONÍMIA

É o emprego de uma palavra por outra, baseando-se numa relação constante entre as duas.

Há metonímia quando empregamos:

a) o autor pela obra
   Você já leu **José de Alencar**?
   (livro de José de Alencar)

b) a causa pelo efeito, e vice-versa
   O **cabelo branco** inspira respeito.
   (cabelo branco é o efeito da velhice)

c) o lugar pelo produto ou pelos habitantes e a marca pelo produto
   O **Brasil** vibra com o futebol.
   (Os brasileiros vibram...)

   Fumavam um **havana**.
   (charuto fabricado em Havana)

d) o continente pelo conteúdo
   Um bebeu uma **garrafa** e o outro um **copo**.

e) o abstrato pelo concreto, ou vice-versa
   A **velhice** é prudente.
   (Os velhos são...)

f) o sinal pela coisa significada
   Não quis ser professor; preferiu o **bisturi**.
   (preferiu ser médico)

ÓPERA

A ópera, muitas vezes, tem origem na literatura. Peças, épicos, romances e contos sempre inspiraram libretistas e compositores, e a ópera romântica do século XIX inspirou-se em determinados grupos de escritores. As peças de Shakespeare, os romances de Walter Scott, o *Fausto* de Goethe e as tragédias históricas de Schiller – tudo isso se tornou fonte de libretos de ópera.

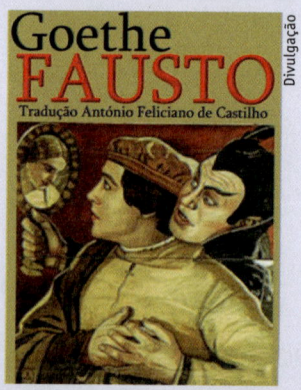

Capa da obra *Fausto*, de Goethe.

Outra grande fonte de inspiração romântica foram as lendas e os poemas da Europa medieval.

Cena da ópera *Tristão e Isolda*, no Metropolitan Opera, Nova York, 2008.

Rossini usou a antiga lenda suíça sobre Guilherme Tell em sua última ópera importante, enquanto Wagner apoiou-se nos épicos germânicos medievais para *Tristão e Isolda*, o *Nibelungenlied* e *Parsifal*.

Guia ilustrado Zahar – música clássica. Editado por John Burrows com Charles Wiffen. Rio de Janeiro: Jorge Zahar Editor, 2008.

13. O texto apresenta alguns títulos de óperas, tais como *Tristão e Isolda*, *Nibelungenlied* e *Parsifal*, inspiradas em obras literárias.

a) Copie do primeiro parágrafo uma frase que faz referência a obras conhecidas, transformadas em ópera.

b) Identifique a metonímia presente na resposta anterior.

c) Assinale a alternativa que corresponde ao modo como essa metonímia foi construída.

( ) O continente pelo conteúdo.
( ) O abstrato pelo concreto.
( ) O autor pela obra.

14. Explique a metonímia das frases.

a) Os aviões semeavam a morte.

b) Adoro ler Machado de Assis.

c) O Brasil vibrou com a vitória da seleção.

15. Relacione as orações com os tipos de metonímia.

a) A **França** produz bons queijos.

b) Leio **Castro Alves**.

c) Na Bahia, provei **um prato gostoso**.

d) O rei perdeu **o trono** (= o poder).

( ) O autor pela obra.

( ) O lugar pelos habitantes.

( ) O sinal pela coisa significada.

( ) O continente pelo conteúdo.

CATACRESE
Consiste em dar à palavra uma significação que ela não tem, por falta de termo próprio.
Exemplos: asa do bule, folha de papel, pé de mesa, braço da cadeira, boca da noite, cordas vocais, fio de azeite, engrenagem social, céu da boca etc.

---

16. Construa frases com as palavras a seguir. Use a catacrese.

a) braço

b) pé

17. Escreva **C** quando ocorrer catacrese e **P** quando a palavra estiver no seu sentido próprio.

a) A gaivota retesou as **asas**. ( )

b) Quebraram-se as **asas** da xícara. ( )

c) Abria a **boca** de sono. ( )

d) A **boca** do forno está fechada? ( )

e) Apoiava o **braço** na cadeira. ( )

f) Quebrou-se a **perna** do sofá. ( )

g) Um **fio** de luz entrava pela janela. ( )

CURIOSIDADE
Algumas metáforas são representadas por símbolos.
cruz: símbolo do sofrimento e do cristianismo (para o mundo ocidental)
pomba branca: símbolo da paz no mundo atual

---

18. O que em grande parte do mundo de hoje simboliza...

a) o coração?

b) a pomba branca?

c) a balança?

d) a espada?

e) a foice?

a) Eu prefiro doces e você prefere salgados.

b) Nós trouxemos os cálices e vocês trouxeram o vinho.

c) Há muita manha nesse jogo?

ELIPSE
É a omissão de palavra ou expressão facilmente subentendida. É frequente nos provérbios. Veja alguns exemplos.

(Nós) Sabemos o que queremos.

Quanta gente (há, está) na praça!

Quando a palavra omitida já foi expressa anteriormente, temos o caso especial de elipse chamado **zeugma**.

Um é esforçado; o outro, não (é).

19. Que palavras ou expressões foram omitidas por elipse ou zeugma?

a) Quantas estrelas no céu!

b) A selva é um tapete verde, o céu um manto estrelado.

c) Alguns o apoiam, outros não.

d) Eu chegarei às oito e você às nove.

20. Reescreva as frases eliminando palavras ou expressões que possam ser facilmente subentendidas.

PLEONASMO
É palavra ou expressão redundante, repetição da mesma ideia, com a finalidade de reforçar e avivar a comunicação e o pensamento.

Viver uma **vida** longa.
Ver com os próprios **olhos**.

Atenção:

Há o pleonasmo vicioso, que deve ser evitado, como **subir para cima**, **descer para baixo**, **colherinha pequena** etc.
O pleonasmo é justificado quando cria um efeito expressivo.

21. Assinale os itens em que ocorre pleonasmo.

a) Lá dos céus nos vem celeste aviso. ( )
b) Partirei amanhã. ( )
c) Apalpou com as mãos e pisou com os pés. ( )

> **Atenção:**
>
> Com o artigo, o verbo vai para o plural:
>
> **Os** Andes **são** uma cordilheira.
>
> *Os lusíadas* **são** um poema de Camões.

22. Reescreva as frases, usando a silepse como recurso para omitir a palavra ou expressão em destaque.

a) **Nós** todos conhecemos nossos deveres.

b) **O livro** *Os Lusíadas* é uma obra de Camões.

23. Assinale a(s) frase(s) em que há silepse.

a) Os trens descarrilharam. ( )
b) A vida é um sonho. ( )
c) Todos procuramos a paz. ( )

SILEPSE

É a concordância com a ideia e não com a palavra expressa. É uma concordância de acordo com o sentido, por isso, também chamada concordância ideológica.

Esta **criança**... ninguém pode com **ele**!
(Está-se falando de um menino.)

A grandiosa São Paulo não para.
(Concordância com a palavra cidade.)

Há silepse de gênero, de número e de pessoa.

1. **De gênero**
   Vossa Excelência é **compreensivo**.
   (Referindo-se a um homem.)
2. **De número**
   Reuniu o batalhão, conversou longamente com **eles** e pediu-**lhes** que **lutassem** corajosamente.
3. **De pessoa**
   Os dois **partiremos** amanhã.
   Andes **é** uma cordilheira.
   Lusíadas **é** um poema de Camões.

ONOMATOPEIA

É a imitação de ruídos, sons dos objetos ou vozes dos seres por meio de palavras.

E lá ia o cavalo pela estrada, **pocotó, pocotó, pocotó**...

Trim, trim, insistia o telefone.

24. Procure representar os sons produzidos pelos seres ou objetos a seguir.

a) despertador

b) vaca

c) relógio

25. Assinale os itens em que há onomatopeia.

a) Delém, delém... bate o sino. ( )

b) A motocicleta faz barulho. ( )

c) Zzzzz, zzzz... que pernilongo chato! ( )

d) O copo caiu e se quebrou. ( )

e) O rebumbum do bumbo convidava para a festa. ( )

PROSOPOPEIA
Prosopopeia ou personificação é um recurso pelo qual os objetos e os animais são personificados, isto é, como se fossem pessoas eles tomam vida, agem, falam, pensam, sentem etc.
As ondas **castigam** o rochedo.
A passarada **conversava** na copa da mangueira.
A lua **beijava** a face do lago **adormecido**.

---

26. Reescreva as frases substituindo as palavras em destaque pelas que estão entre parênteses, e perceba como a personificação torna a frase mais poética e lhe dá mais vida.

a) As estrelas **brilham no** céu. (*alegram o*)

b) A moto **ia velocíssima**. (*voava*)

c) As ondas **cobriram** o barco. (*engoliram*)

27. Assinale os itens em que há prosopopeia.

a) As ondas lambiam a praia. ( )

b) O fogo queimava a palha. ( )

c) As borboletas dançavam no ar. ( )

d) O Sol morria no horizonte. ( )

28. Faça uma frase em que ocorra prosopopeia.

IRONIA
Consiste em dizer o contrário do que pensamos, geralmente num tom de zombaria. A ironia depende do contexto, da expressão, dos gestos, da voz.
Que letra bonita!
(Para dizer que a letra é muito feia.)
Ele se mata de tanto trabalhar!
(Para dizer que é preguiçoso.)

29. Construa frases irônicas, dando a entender:

a) que uma pessoa mora longe.

b) que uma piada é sem graça.

PERÍFRASE
Perífrase ou circunlocução consiste no emprego de várias palavras para indicar o ser por meio de alguma das suas qualidades ou características.
Cidade Maravilhosa. (Rio de Janeiro)
O navio do deserto. (O camelo)
Poeta dos Escravos. (Castro Alves)

EUFEMISMO
Consiste em disfarçar, abrandar, suavizar expressões rudes, chocantes, desagradáveis.
Entregou a alma a Deus. (morreu)
Funcionário da limpeza pública. (lixeiro)
Não alcançou média suficiente. (foi reprovado)

---

30. Construa frases em que ocorra eufemismo, dando a entender:

a) que alguém morreu.

b) que alguém mentiu.

c) que alguém é surdo.

---

31. Ligue as perífrases aos seres correspondentes.

Veneza Brasileira •   • Amazonas
Deus do vinho •   • Recife
Rio-mar •   • Rio de Janeiro
Rei do futebol •   • Baco
Cidade Maravilhosa •   • Pelé

---

32. A quem se referem estas perífrases?

a) O Pai da Aviação:

b) A Cidade Luz:

c) A Águia de Haia:

d) O Mártir da Independência:

e) Cidade da Garoa:

f) O rei dos animais:

HIPÉRBOLE

Figura por meio da qual se aumenta ou diminui exageradamente a verdade. É um exagero para destacar a ideia e chamar a atenção.

Ganhou **rios** de dinheiro!
Há um **século** que te espero!
Já lhe falei **mil** vezes!

33. Assinale os itens em que há hipérbole.

a) Leu todo o noticiário do jornal. ( )

b) Vive nadando no dinheiro. ( )

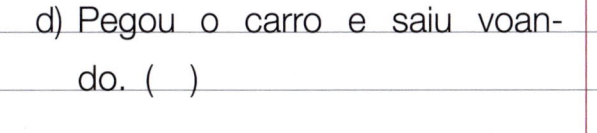

c) Amar-te ainda é melhor do que viver. ( )

d) Pegou o carro e saiu voando. ( )

DITADO

12. Qualidades da boa linguagem

1. Reescreva as frases de modo a eliminar a ambiguidade.

a) Antônio conversava com a namorada em **sua** casa. (casa da namorada)

b) Juca encontrou Maria no **seu** clube. (clube de Juca)

2. Reescreva as frases substituindo as expressões prolixas por outras concisas, conforme orientação a seguir.

a) O gravador que comprei e pelo qual paguei muito dinheiro, dali uns tempos, depois que se passaram uns dias, começou a dar defeito.

e pelo qual paguei muito dinheiro = **caro**

dali uns tempos, depois que se passaram uns dias = **passados uns dias** (ou: **após alguns dias**)

b) Saí em companhia de uma garota que era bonita e que era simpática.

em companhia de = **com**

que era bonita e que era simpática = **bonita e simpática**

3. Procure melhorar as frases a seguir tirando as rimas e conservando o sentido.

a) Parece que ele aparece quando anoitece.

b) A idade da mocidade é cheia de vaidade.

> Empregamos o pronome **eu** quando for sujeito de um verbo no infinitivo. Quando se tratar de objeto, usamos o pronome **mim**.
> Observe as frases.
>   Traga uma revista **para eu** ler.
>   Vai chegar outra revista **para mim**.

4. Complete as frases com os pronomes **eu** ou **mim**.

a) Não disseram nada para _____ .
b) Este relógio é para _____ usar.
c) Deixe esta televisão para _____ .
d) Há muitos problemas para _____ resolver.

ORTOGRAFIA – VAMOS ESCREVER CERTO?

1. Use o sinal da crase quando necessário.

a) Nós seguimos a direita e eles, a esquerda.
b) O ônibus chegou a estação as cinco horas da manhã.
c) No ano passado, fomos a Bahia; neste ano, iremos a Curitiba.
d) Começou a chover e nós tivemos de pedir auxílio a vizinha.
e) Assistimos a sessão do meio-dia e voltamos a praia as quatro horas.
f) As mulheres foram a fazenda.
g) As moças se dedicam a dança.
h) A mestra se dirigiu as meninas.
i) A mãe pediu ajuda a filha.
j) Fui a pé e voltei a cavalo.
k) Façam o rascunho a lápis.
l) Esta anedota é semelhante a que me contaram ontem.
m) Meu fogão é a gás; meu carro, a álcool.
n) Não dou ouvidos a boatos.
o) Não empreste o carro a ninguém.

2. Observe a presença da crase nas expressões adverbiais em que há palavras femininas.

à frente – à tarde – às duas horas

Agora, coloque o sinal de crase nestas locuções adverbiais.

a noitinha – a esquerda – a direita
a toa – as vezes – as pressas
as avessas – as mil maravilhas
as cegas – as claras – as escondidas

3. Complete as frases e encaixe as palavras na cruzadinha.

1. Houve muita discussão na assembleia, mas não _____ decisões aprovadas.
2. Se eu trouxesse, se tu _____ , se ele trouxesse.

3. Se as pessoas soubessem se amar, se cada um _____ respeitar seu semelhante!

4. As compras couberam na sacola, mas o presente não _____.

5. Se eu houvesse falado, se tu _____ falado.

6. Eles não souberam dar explicações, mas ela _____ explicar tudo.

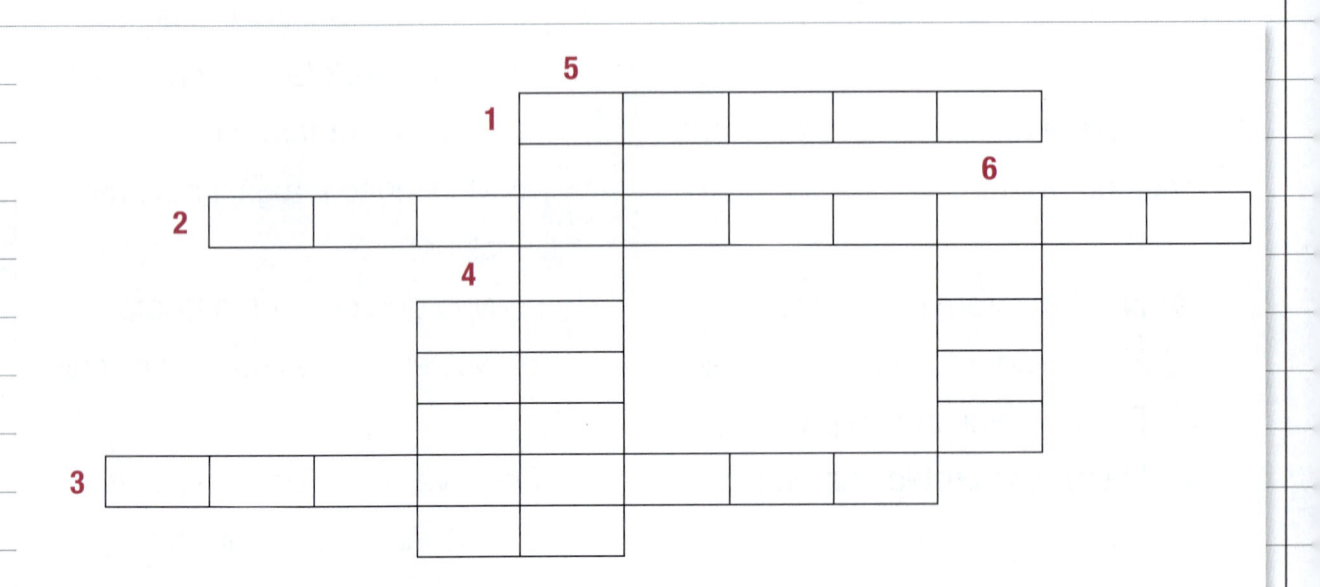

Os advérbios terminados em **-mente** derivam de adjetivos. Quando o adjetivo tem uma só forma para o masculino e para o feminino, basta acrescentar o sufixo **-mente** para formar o advérbio.

   possível: possivel**mente**
   cruel: cruel**mente**

Quando o adjetivo tem duas formas, uma para o masculino e outra para o feminino, devemos colocá-lo na forma feminina e acrescentar o sufixo **-mente** para formar o advérbio. Observe.

   próximo: proxima**mente**
   ativo: ativa**mente**

4. Dê advérbios terminados em -mente derivados dos adjetivos a seguir.

a) gentil

b) sábio

c) último

d) simples

e) único

f) provável

5. Dê a definição que se pede, com o parônimo das palavras entre parênteses. Complete, depois, a cruzadinha.

1. Anular os direitos políticos (parônimo de caçar)
2. Juízo (censo)
3. Atear fogo (ascender)
4. Fechar (serrar)
5. Sinal gráfico (assento)
6. Espetáculo em que se executam obras musicais (conserto)
7. Homem que anda a cavalo (cavalheiro)
8. Que manca de uma perna (cocho)
9. Costurar (cozer)
10. Extensão (cumprimento)
11. Comércio ilícito (tráfego)
12. Vasilha onde se colocam alimentos ou água para os animais (coxo)
13. Cozinhar (coser)
14. Homem educado, gentil (cavaleiro)
15. Ato de consertar o que se quebrou ou estragou (concerto)
16. Banco, objeto sobre o qual sentamos (acento)
17. Subir, elevar-se (acender)
18. Tipo de brinquedo (peão)

19. Cortar com serra (cerrar)

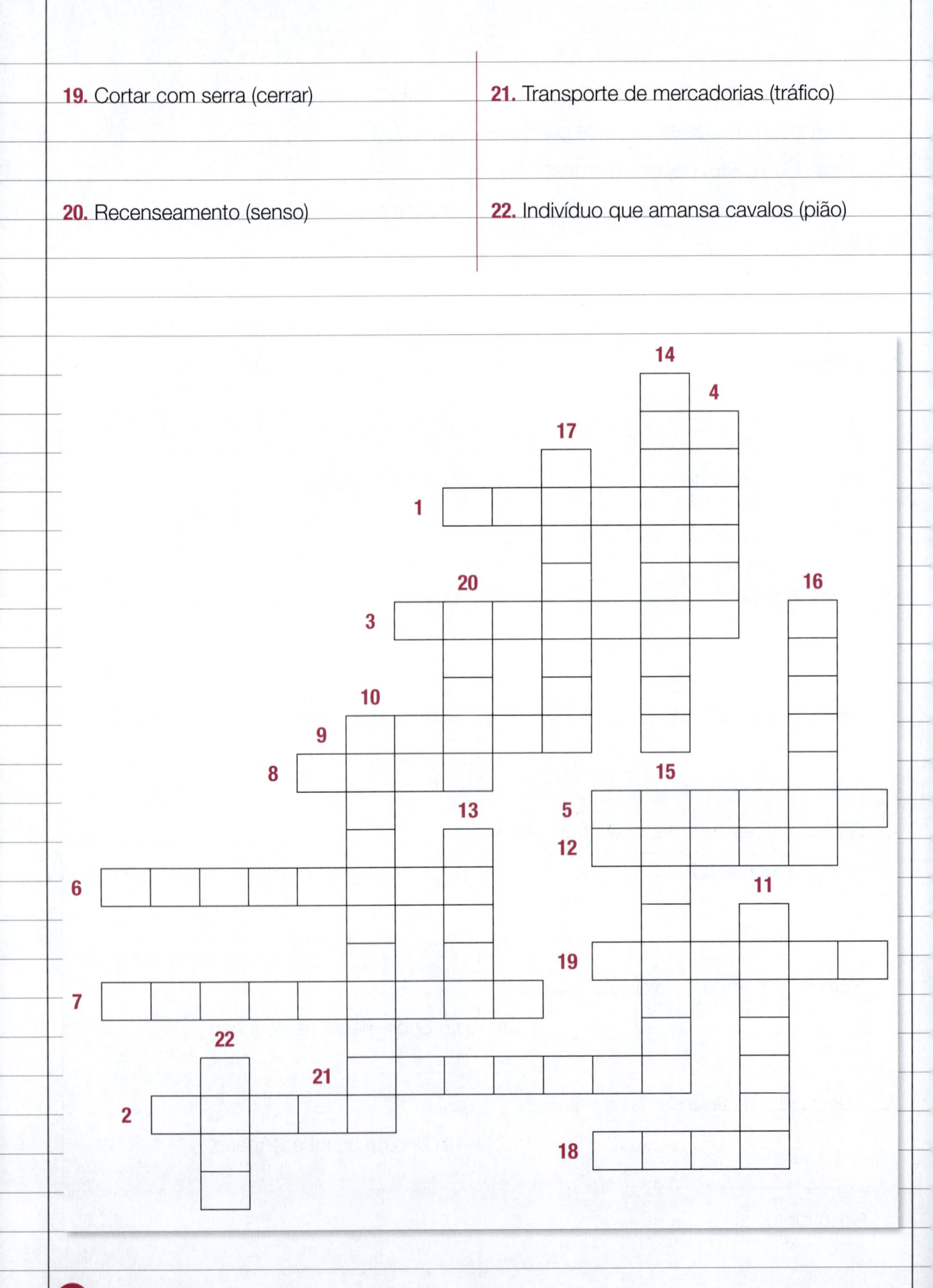

20. Recenseamento (senso)

21. Transporte de mercadorias (tráfico)

22. Indivíduo que amansa cavalos (pião)

13. Colocação pronominal

PAPOS

— Me disseram...
— Disseram-me.
— Hein?
— O correto é "disseram-me". Não "me disseram".
— Eu falo como eu quero. E te digo mais... Ou é "digo-te"?
— O quê?
— Digo-te que você está sendo grosseiro, pedante e chato. E que vou te partir a cara. Lhe partir a cara. Partir a sua cara. Como é que se diz?
— Partir-te a cara.
— Pois é. Parti-la-ei se você não parar de me corrigir. Ou corrigir-me.
— É para seu bem.

Luis Fernando Verissimo. *Comédias para se ler na escola.* Rio de Janeiro: Objetiva, 2001. (Adaptação, fragmentos)

1. Por que as duas pessoas do texto estão discutindo?

2. Que padrão linguístico a pessoa que corrige defende?

3. Sobre que item da gramática os dois interlocutores discutem?

4. Destaque do diálogo frases em que um pronome oblíquo foi usado na linguagem culta de um modo e na linguagem popular e coloquial de outro.

5. Destaque do texto uma próclise, uma mesóclise e uma ênclise.

COLOCAÇÃO PRONOMINAL: PRÓCLISE, MESÓCLISE, ÊNCLISE

Próclise (colocação do pronome antes do verbo)

A próclise será obrigatória nos seguintes casos:

1. Com verbo precedido por palavra de sentido negativo.

   Nunca *o* vi antes.

2. Com verbo precedido por pronome relativo.

   Houve uma pessoa **que** *lhe* telefonou.

3. Com verbo precedido por conjunção subordinativa.

   Não vou à festa, **mesmo que** *me* convidem.

4. Com verbo precedido por pronome indefinido.
   Algo *o* atraía para aquele lugar.
5. Com verbo precedido por certos advérbios.
   Já *se* sabe quem ganhou o jogo.
6. Nas orações optativas (que exprimem desejo).
   Deus ***o*** livre!
7. Nas orações iniciadas por palavras exclamativas.
   Quanto ***nos*** custa dizer a verdade!
8. Nas orações interrogativas.
   Quanto ***lhe*** devo?

Mesóclise
É a colocação dos pronomes pessoais átonos no meio do verbo. Ocorre somente no futuro do presente e no futuro do pretérito, quando não há palavras que exerçam atração sobre o pronome.
Observá-***los***-ei daqui mesmo.
Observá-***los***-ia daqui, se pudesse.

Ênclise (colocação do pronome depois do verbo)
Haverá ênclise nos seguintes casos:
1. Nos períodos iniciados por verbo, pois, na língua culta, não se começa frase com pronome oblíquo.
   Cumprimentamo-***nos*** cordialmente.
2. Nas orações reduzidas de gerúndio.
   Havia sempre pessoas pedindo-***lhe*** esmola.
3. Nas orações imperativas afirmativas.
   Telefone para seus amigos e convide-***os*** para a festa.
4. Com infinitivo não flexionado precedido da preposição **a**.
   Não tornarei a vê-***los*** tão cedo.

6. Escreva P para próclise, M para mesóclise e E para ênclise.
   a) Esta é a pessoa a quem **me** refiro. (   )
   b) Estou disposto a perdoar-**lhe**. (   )
   c) Ser-**me**-ia difícil decorar a peça em tão pouco tempo. (   )
   d) Nada **se** perde, tudo **se** transforma. (   )
   e) Tornarei a vê-**los** no próximo ano. (   )
   f) Não **o** vejo há muito tempo. (   )
   g) Dir-**lhe**-ei o que sei sobre o caso. (   )
   h) Só aceito se **me** pagarem o dobro. (   )

7. Seguindo as normas dadas, reescreva as sentenças, colocando os pronomes entre parênteses adequadamente nas frases a seguir.

   a) O estoque já tinha esgotado. (*se*)

   b) Nada sabe sobre ele. (*se*)

c) Prestarei contas. (*lhe*)

d) Contaria a história toda. (*me*)

e) Não diga asneiras. (*lhes*)

f) Há pessoas que prezam. (*se*)

g) Sentiria embaraçado. (*se*)

h) Ninguém convidou. (*nos*)

i) Quando visitas? (*me*)

j) Sempre lembro dele. (*me*)

Atenção:

Em alguns casos, a colocação dos pronomes oblíquos átonos é livre, porém deve-se levar em conta o ritmo e a sonoridade da frase.

PRÁTICA DE PRODUÇÃO DE TEXTO

Reconte ou recrie uma anedota que você conhece ou crie a sua própria anedota usando a criatividade. Você poderá partir de um dos temas a seguir.

- O trânsito.
- Responsabilidade no trânsito.
- Motoristas e pedestres.
- Paz no trânsito.

ANOTAÇÕES

14. Tempos verbais

RELAÇÃO ENTRE OS TEMPOS VERBAIS

Observe a relação entre os tempos verbais nas frases.

Mais flores <u>daria</u> se mais flores eu <u>tivesse</u>.
    ↓   ↓
  futuro do pretérito   pretérito imperfeito
    do indicativo   do subjuntivo

Quando a festa <u>acabar</u>, <u>iremos</u> embora.
                 ↓   ↓
            futuro do   futuro do presente
            subjuntivo   do indicativo

1. Complete as frases com os verbos entre parênteses, usando o tempo verbal adequado.

a) Se ele não _____ da profissão, _____ o emprego. (gostar/deixar)

b) Quando elas nos _____, _____ alegres. (ver/ficar)

c) Se Pedro não _____, _____ menos chances. (se esforçar/ter)

d) Quando nós _____ alguém, _____ ajuda. (encontrar/pedir)

e) Eu _____ mais, se _____ tempo. (estudar/ter)

f) Que bom _____ se o nosso time _____ ... (ser/vencer)

g) Quando o juiz _____, _____ a audiência. (querer/marcar)

h) Eles _____ assistir ao jogo, se _____ cedo. (poder/voltar)

EMPREGO DO MODO SUBJUNTIVO

O modo subjuntivo é usado em frases que expressam:

- **desejo**
  Gostaria que **viessem** à minha festa de aniversário.
- **dúvida**
  Talvez ele **seja** um bom psicólogo.
- **ordem, pedido**
  Quero que você **compre** rosas vermelhas.
- **hipótese**
  Eu pensei que a casa **estivesse** vazia.

2. Os verbos em destaque estão no modo subjuntivo. O que expressam as frases nas quais foram usados?

a) Ele preferiria que a cidade **fosse** menos movimentada.

b) Espero que me **tragam** boas notícias.

c) Nós supomos que ele **seja** condenado!

d) Que **se apresentem** todos os culpados!

e) Os hóspedes queriam que os músicos **se retirassem**.

f) Tinha receio de que a mãe não a **compreendesse**.

g) Peço-lhes que **voltem** cedo.

15. Vozes do verbo

1. Identifique a voz dos verbos nas frases a seguir.

a) Caim **matou** Abel, seu irmão.

b) **Insultaram-se** diante da professora.

c) A expedição **era comandada** por um estrangeiro.

d) Mariana **machucou-se** durante a partida de vôlei.

e) **Lavaremos** as nossas mãos sujas de terra.

f) Todas as questões já **foram respondidas**.

g) Cumprimentaram-se no meio da rua.

h) A menina **penteou-se** na varanda.

2. Passe as frases para o plural.

a) Já se descobriu alguma ilha neste mar?

b) Vende-se este aparelho eletrônico.

c) Compra-se um barco usado.

d) Tira-se fotografia na hora.

e) Eu me enganei e me desculpei.

f) Tu te arrependeste a tempo.

g) Ela se vê no espelho.

PRÁTICA DE PRODUÇÃO DE TEXTO

Tema: Meu primeiro amor

Pode ser uma experiência pessoal ou você pode inventar um personagem, tornando-se apenas o narrador da história. Se quiser, pode escrever um poema, com ou sem rima.

16. Derivação, polissemia

DERIVAÇÃO IMPRÓPRIA

Quando uma palavra passa a pertencer a uma classe gramatical que não lhe é própria, dizemos que ocorre **derivação imprópria**.

Observe a palavra destacada.

Cada um deles, no **dizer** de Mário de Andrade, é brasileiro...

Dizer normalmente é verbo, mas, na frase acima, torna-se um substantivo ou palavra substantivada pela anteposição do artigo **o** (n**o** dizer).

POLISSEMIA

As palavras podem ter diferentes significados, dependendo do contexto em que são empregadas. A isso chamamos **polissemia** (= muitos sentidos).

canal —
- Trocou de **canal** várias vezes. (canal de televisão)
- O tratamento de **canal** é muito caro. (tratamento na raiz do dente)
- A água vai, pelo **canal**, até o rio. (escoadouro de água)
- Esse é o **canal** que ele conseguiu para ganhar tanto dinheiro. (meio)

1. Faça frases usando as seguintes palavras substantivadas, formadas por derivação imprópria.

a) o sorrir

b) o olhar

c) o andar

2. Em que sentido foram usadas as palavras destacadas nas frases?

a) O **corredor** alcançou a vitória.

b) A sala fica no fim do **corredor**.

c) Vamos para outra **estação**. Esta é sempre muito cheia.

d) A primavera é a **estação** das flores.

SINÔNIMOS

São palavras de sentido semelhante ou aproximado.

jogar: arremessar, atirar

alvo: branco, claro; meta, objetivo, fim, finalidade

3. Encontre sinônimos para as palavras a seguir.

a) obter

b) enganar

c) agradar

d) elegante

e) elevado

f) alegria

4. Ligue as palavras sinônimas.

adversário   antídoto
translúcido   antagonista
contraveneno   metamorfose
transformação   diáfano
oposição   indecoroso
diálogo   colóquio
imoral   antítese

ANTÔNIMOS

São palavras de sentido oposto.

inocente – culpado

orgulhoso – humilde

Muitos antônimos se originam de prefixos de sentido oposto ou negativo:

ativo – **in**ativo

progredir – **re**gredir

5. Forme palavras antônimas por meio dos prefixos **in-**, **im-** ou **i-**.

real   **irreal**

a) racional

b) legal

c) felicidade

d) legível

e) prudente

f) possível

6. Forme palavras antônimas empregando o prefixo **des-**.

a) necessário

b) confortável

c) leal

d) favorável

e) bloqueado

f) graça

g) fazer

h) cobrir

7. Ligue os antônimos.

progredir	antipático
bendizer	assimétrico
simpático	externo
simétrico	pospor
prepor	maldizer
interno	regredir

HOMÔNIMOS

São palavras que têm a mesma pronúncia, às vezes a mesma grafia, porém com significados diferentes.
concerto (sessão musical)
concerto (reparo de algo estragado)
colher (verbo)
colher (substantivo)
cela (pequeno quarto)
sela (arreio) – sela (verbo selar)

8. Ligue os homônimos aos seus respectivos significados.

acender	divisão, repartição
ascender	ato de ceder
cessão	atear, pôr fogo
seção	subir
sessão	juízo
censo	época, verbo ser no pret. imperfeito
senso	recenseamento
hera	tempo de um espetáculo
era	planta trepadeira

9. Pela observação do contexto, pode-se concluir o significado de alguns homônimos. Nos homônimos a seguir, invente frases de acordo com o significado entre parênteses.

a) serrar (cortar)

b) cerrar (fechar)

c) colher (verbo)

d) colher (substantivo)

e) concerto (sessão musical)

f) conserto (reparo, emenda)

g) são (sadio)

h) são (santo)

i) são (verbo)

> **PARÔNIMOS**
> São palavras parecidas na pronúncia e na escrita, mas que têm significados diferentes.
> **couro** (de animal)
> **coro** (coral de igreja)
> **ratificar** (confirmar)
> **retificar** (corrigir)

10. Complete as frases com os parônimos a seguir.

> comprimento – cumprimento
> cesta – sesta
> eminente – iminente
> ouço – osso
> emergir – imergir
> sede – cede
> descrição – discrição

a) Com a força das águas, a represa _____ e a enxurrada invade as casas da população ribeirinha.

b) João levanta-se e _____ o lugar para a senhora idosa.

c) Após a partida, os jogadores estavam sedentos, isto é, estavam com muita _____.

d) Onde fica a _____ da sua empresa?

e) _____ paciente com eles, assim como eles são com você.

f) Não dê _____ ao cachorro. É perigoso.

g) Fale mais alto. Eu não _____ muito bem.

h) O _____ senador conseguiu aprovar um novo projeto para a segurança do país.

i) É _____ o perigo de uma nova tempestade de granizo.

j) Os funcionários da loja recebem _____ básica todos os meses.

k) _____ é a hora em que se descansa ou dorme após o almoço.

l) Retirou-se da sala com _____ para não chamar a atenção dos presentes à reunião.

m) Ele faz a _____ da paisagem com muita propriedade.

n) Qual é o _____ do maior trem do mundo?

o) Aqui todos zelam pelo _____ das leis.

p) Qual é o _____ que os ingleses usam pela manhã?

11. Ligue as frases ao sentido mais aproximado do verbo **dar**:

Publicar, divulgar.	Com esterco o pomar **dá** mais frutos.
Produzir.	Os jornais **deram** a notícia.
Presentear, ceder.	O corredor **dava** sinais de cansaço.
Manifestar, revelar.	Só **dou** este terreno por muito dinheiro.
Desfazer-se de, vender.	**Deu** um banquete para cem convidados.
Efetuar, oferecer.	**Deu** todos os seus livros para a escola.
Ministrar, aplicar.	**Dei** dois terrenos pela casa.
Trocar, permutar.	E a noite ia passando. **Deram** dez horas.
Bater, soar.	**Deu** uma injeção no doente.
Ser sorteado em jogo.	Seu palpite **deu** certo.
Apontar resultado.	Não **dou** para isso.
Ter jeito, vocação.	Que bicho **deu** hoje?

Apêndice

Textos para atividades complementares de leitura, interpretação, enriquecimento vocabular, estudo de estruturas gramaticais etc.

DICAS PARA O CICLISTA

- Transite pelo lado direito das vias e sempre próximo ao meio-fio.
- Quando em grupo, ande em fila (um atrás do outro).
- Não transite fazendo "zigue-zague" entre os veículos em movimento.
- Nunca ande nas calçadas.
- É desaconselhável andar de bicicleta à noite; pelo novo Código de Trânsito, a bicicleta deve ser iluminada.
- Utilize equipamentos de segurança como capacetes e luvas e, à noite, ande com roupas claras.
- Respeite a sinalização. Lembre-se de que você também faz parte do trânsito.
- Não ande colado na traseira de outros veículos nem carregue nada que possa abalar seu equilíbrio.
- Nunca ande segurando em um veículo em movimento.
- A audição é muito importante para o ciclista, portanto, não faça uso de aparelho de som enquanto você pedala.

1. No texto, foi empregado o modo verbal que serve para dar ordens, conselhos, proibições. Que modo verbal é esse?

2. Retire do texto dois casos de emprego de imperativo afirmativo (dando prescrições) e dois de imperativo negativo (restrições).

3. Retire do texto os quatro primeiros verbos no imperativo, colocando-os no plural para dar ordens e conselhos a várias pessoas.

4. Qual dessas "dicas" você nota que seus colegas que andam de bicicleta respeitam menos?

5. Você acrescentaria mais alguma "dica" ao texto? Qual?

O AÇÚCAR

O branco açúcar que adoçará meu café
nesta manhã de **Ipanema**
não foi produzido por mim
nem **surgiu** dentro do açucareiro por
[milagre.

Vejo-o puro
e **afável** ao paladar
como beijo de moça, água
na pele, flor
que se **dissolve** na boca. Mas este açúcar
não foi feito por mim.

Este açúcar veio
da mercearia da esquina e tampouco o
[fez o Oliveira,
dono da mercearia.
Este açúcar veio
de uma usina de açúcar em Pernambuco
ou no estado do Rio
e tampouco o fez o dono da usina.

Este açúcar era cana
e veio dos canaviais **extensos**
que não nascem por acaso
no **regaço** do vale.

Em lugares distantes, onde não há
[hospital
nem escola,
homens que não sabem ler e morrem
de fome aos vinte e sete anos
plantaram e colheram a cana
que viraria açúcar.

Em usinas escuras,
homens de vida amarga
e dura
produziram este açúcar
branco e puro
com que adoço meu café esta
[manhã em Ipanema.

Ferreira Gullar. *Toda poesia*. Rio de Janeiro: José Olympio, 1999.

6. Complete o vocabulário, escrevendo o sentido que a palavra assume no texto.

Ipanema: **famoso bairro e praia do Rio de Janeiro**

a) surgiu

b) afável

c) dissolve

d) extensos

e) regaço

7. Sublinhe, nos verbetes de dicionário a seguir, o sentido com que as palavras **amarga** e **dura** foram empregadas na última estrofe do poema.

amargo. *adj.* 1 que tem sabor adstringente e desagradável; amargoso; acre; penetrante: *fruta amarga.* 2 sem açúcar ou adoçante: *café amargo.* (Fig.) 3 magoado; sofrido: *Era uma pessoa feia e amarga.* 4 doloroso; triste: *As guerras sempre deixam recordações amargas.* 5. duro; difícil: *Suportou dias amargos.* // Ant.: doce.

duro. *adj.* 1 sólido; rijo; resistente: *madeira dura.* 2 consistente: *Ele só come ovo duro.* 3 severo; insensível; rigoroso: *O seu jeito duro afasta as pessoas.* (Coloq.) 4 sem dinheiro: *Não comprou nada, porque estava duro.* 5 árduo; difícil; penoso: *trabalho duro.* • *adv.* 6 de maneira severa ou rigorosa: *Mamãe falou duro comigo pela primeira vez.* 7 com afinco ou dedicação: *Trabalhei duro para chegar aqui.* • (Coloq.) **no duro** com certeza: *Para saber o que vai acontecer no duro, só na hora mesmo.* **duro de roer** de difícil trato: *É um rapaz difícil, um osso duro de roer.* **duro na queda** forte; resistente: *Aquele rapaz é duro na queda.*

Domingos Paschoal Cegalla. *Minidicionário da língua portuguesa*. São Paulo: Ibep, 2004.

8. Assinale os verbos sinônimos de "se dissolve".

> "Flor que se dissolve na boca."

( ) se desmancha
( ) se acaba
( ) se desfaz
( ) se derrete
( ) se dilui
( ) se esparrama

9. Reescreva as frases, substituindo as palavras destacadas por um sinônimo.

a) O açúcar é puro e **afável** ao paladar.

b) O açúcar que **surgiu** em Ipanema provém dos **extensos** canaviais pernambucanos.

c) Homens de vida **amarga** e **dura** produziram este açúcar.

10. Construa frases com as palavras a seguir.

> afável – extenso – dissolve – regaço

DESCOBRINDO AS IDEIAS DO TEXTO
Um texto pode ser escrito em prosa ou em forma de poema, com versos, estrofes, rimas e ritmo.
Verso é cada linha do poema.
Estrofe é cada grupo de versos.
Rimas são os sons iguais ou parecidos no meio ou no final dos versos.
Os versos podem ser livres, ter rimas ou não; depende do poeta.

11. Ferreira Gullar usou versos livres, sem rima, no poema "O açúcar"?
sim ( )   não ( )

12. Agora, releia o poema com atenção e responda:

A que tipo de açúcar o autor está se referindo?

( ) ao açúcar mascavo

( ) ao açúcar refinado

( ) a qualquer tipo de açúcar

13. Na segunda estrofe, com que o poeta compara o açúcar que vai adoçar o seu café?

14. Existem alguns contrastes no poema. Releia a última estrofe e descubra com que o autor está contrastando a doçura do açúcar.

15. Por que os homens que fabricaram o açúcar têm vida amarga?

16. Reflita e complete, a seu modo, a mensagem que o poeta nos transmite.

> O açúcar branco e tão gostoso que usamos na alimentação não foi produzido por trabalhadores bem pagos, que vivem no conforto da cidade, mas por pessoas...

129

ALÉM DA IMAGINAÇÃO

Tem gente passando fome.
E não é a fome que você imagina
entre uma refeição e outra.
Tem gente sentindo frio.
E não é o frio que você imagina
entre o chuveiro e a toalha.
Tem gente muito doente.
E não é a doença que você imagina
entre a receita e a aspirina.
Tem gente sem esperança.
E não é o desalento que você imagina
entre o pesadelo e o despertar.
Tem gente pelos cantos.
E não são os cantos que você imagina
entre o passeio e a casa.
Tem gente sem dinheiro.
E não é a falta que você imagina
entre o presente e a mesada.
Tem gente pedindo ajuda.
E não é aquela que você imagina
entre a escola e a novela.
Tem gente que existe e parece
                [imaginação.

Ulisses Tavares. *Caindo na real*. São Paulo: Brasiliense, 1984.

17. A que tipo de fome se referem os três primeiros versos do poema?

18. Explique o sentido do título "Além da imaginação".

19. Explique o sentido do último verso do poema.

COMIDA

Bebida é água.
Comida é pasto.
Você tem sede de quê?
Você tem fome de quê?

A gente não quer só comida,
A gente quer comida, diversão e arte.
A gente não quer só comida,
A gente quer saída para qualquer parte.
A gente não quer só comida,
A gente quer bebida, diversão, balé.
A gente não quer só comida,
A gente quer a vida como a vida quer.

Bebida é água.
Comida é pasto.
Você tem sede de quê?
Você tem fome de quê?
A gente não quer só comer,
A gente quer comer e quer fazer amor.
A gente não quer só comer,
A gente quer prazer pra aliviar a dor,
A gente não quer só dinheiro,
A gente quer dinheiro e felicidade,
A gente não quer só dinheiro,
A gente quer inteiro e não pela metade.
Bebida é água,
Comida é pasto.
Você tem sede de quê?
Você tem fome de quê?

Arnaldo Antunes, Marcelo Fromer e Sérgio Britto. "Comida". In: *Titãs Acústico MTV*. Rio de Janeiro: 1997© Ciclope/ Warner Chappell.

20. Você tem fome de quê? Além da fome corporal, de que mais as pessoas têm fome?

21. O texto apresenta dois tipos de necessidade do ser humano. Quais são? Complete.

a) As necessidades do plano

b) As necessidades do plano

22. Podemos dizer que os textos "Além da imaginação" e "Comida" se completam? Por quê?

23. De qual texto você mais gostou? Por quê?

GLOBALIZAÇÃO

Na sociedade globalizada os países aos poucos vão se interligando, enfraquecendo as fronteiras, o que torna difícil distinguir os limites entre o nacional e o internacional.

Ser um país moderno, hoje, é ser capitalista e estar inserido no mercado mundial. Não se adaptar a essa nova dinâmica significa ficar à margem do desenvolvimento.

No processo de globalização, o mundo se tornou um grande mercado, onde ocorre a comercialização de produtos e os investimentos industriais e financeiros, como o das bolsas de valores.

Por meio da internet, os investidores podem se conectar instantaneamente com qualquer parte do planeta, tomando conhecimento de tudo o que acontece no mercado mundial. Se a economia estiver enfraquecida em determinado país, o investidor rapidamente transfere seu capital para outro onde haja mais estabilidade e maior retorno. Assim, o capital pode "voar" de um local para outro com grande velocidade – é a chamada volatilidade de capitais.

As empresas multinacionais procuram se instalar onde haja isenção de tributos por parte do governo ou onde possam dispor de mão de obra barata, e depois vendem seus produtos para o mundo todo.

As mercadorias se desnacionalizam. Um automóvel pode ter as diferentes partes que o compõem fabricadas por países diversos. E a globalização se manifesta como uma grande rede que entrelaça velozmente capital, tecnologia e produção, desconhecendo fronteiras.

Com o extraordinário desenvolvimento das telecomunicações, as notícias, as informações e a troca de conhecimentos chegam rapidamente a qualquer parte do mundo, promovendo a difusão de culturas, usos e costumes, interferindo nos modos de vestir, de pensar e agir das pessoas. Exemplos atuais são a Coca-Cola e a rede McDonald's, que leva *fast-food* até o Japão e os antigos países comunistas.

Essa globalização cultural e econômica faz surgir uma sociedade planetária, transnacional, comandada pelos países ricos e pelas poderosas empresas multinacionais. E os países que não conseguirem entrar nesse ritmo frenético do mercado global estarão em desvantagem na competição.

No caso do Brasil, há um esforço para marcar presença nesse cenário. Mas, para que o Brasil prossiga o desenvolvimento, é necessário que sua participação no mercado global não se dê de forma submissa e subordinada, e sim com a autonomia que é própria de um país cheio de perspectivas e reais potencialidades.

Rosa Maria Paoletti de Siqueira e Silva (socióloga).
Especialmente para esta obra.

24. A palavra **internet** é formada do latim *inter*: ("entre") e do inglês *net*: ("rede, malha"). De posse desses dados, dê o significado da palavra **internet**, relacionada com a comunicação.

25. Também as palavras **fast** e **food** vêm do inglês e significam: **fast**: "rápido, ligeiro"; **food**: "comida, alimento". Portanto, **fast-food** significa:

26. Faça um levantamento das palavras mais difíceis do texto, escrevendo ao lado de cada uma seu(s) significado(s).

27. De acordo com o texto, o que torna difícil, hoje em dia, distinguir o nacional do internacional?

28. De acordo com o texto, qual é o papel da mídia e das telecomunicações no processo de globalização?

29. Explique, do seu modo, o que você entendeu por globalização.

O COMPUTADOR LIBERTA

O pioneiro da era digital vê um mundo mais livre com a informática, que amplia o poder dos indivíduos e diminui o dos governos

Professor do Massachusetts Institute of Technology, o MIT, Negroponte fundou e dirige há dez anos o Media Lab, um laboratório referencial onde foram inventadas ou são testadas as principais tecnologias de comunicação que estão transformando o cinema, a televisão e a imprensa. Seu livro *A vida digital*, lançado no começo do ano nos Estados Unidos e há dois meses no Brasil, é um relato otimista dessas transformações.

Veja – *A maneira como a cultura do computador está se impondo às pessoas não pode provocar uma reação dos indivíduos que se sentem escravizados por essa nova máquina?*

Negroponte – Primeiro, não tenha dúvida de que estamos no meio de uma revolução. [...] Na maioria dos casos o uso do computador realmente liberta as pessoas, dá-lhes mais poder e tempo de sobra para se divertir e trabalhar produtivamente.

A suposta reação à cultura do computador, se existe mesmo, não é um movimento muito sério. Temas como pornografia cibernética, dinheiro digital e propriedade intelectual nas redes de computadores são muito complexos, trazem grande perturbação, e as pessoas não sabem exatamente como reagir a eles. Nem as pessoas nem as empresas e muito menos os governos. Tome o caso da internet. A rede mundial de computadores se desenvolve num modelo francamente contrário aos interesses do Estado-nação. Os governos serão colocados diante de situações em que não poderão controlar o fluxo de capital e informações. A perda de controle é inevitável, não há mais como reverter esse processo.

Veja – *Alguns estudiosos acreditam que a revolução tecnológica promovida pelos computadores aumentará o abismo entre os países pobres e ricos. O que o senhor acha?*

Negroponte – Eu sou otimista com relação a isso. O abismo vai diminuir desde que os países saibam como abrir caminho para a revolução. Uma das razões para meu otimismo é o fato de o preço dos computadores estar caindo numa velocidade nunca vista em outro ramo da indústria em qualquer tempo. A enorme população jovem dos países do Terceiro Mundo pode vir a ter acesso às oportunidades de conhecimento e trabalho com que as gerações anteriores não puderam nem sonhar.

Veja – *O senhor acha que Albert Einstein se teria beneficiado com um computador?*

Negroponte – Sem dúvida.

Veja – *O senhor costuma dizer que, cedo ou tarde, os caminhos da televisão vão se cruzar com os do computador e logo não se poderá facilmente separá-los. Qual será a consequência disso?*

Negroponte – O surpreendente é que alguns programas de computador já são mais vistos do que os programas de televisão. O exemplo clássico é o Windows. [...] A consequência lógica da evolução que se observa hoje nesses campos é a fusão dos dois domínios. Isso vai implicar transformações profundas na programação e principalmente na legislação que hoje regula a atividade de imprensa, nos Estados Unidos e por extensão no mundo ocidental. A legislação atual não pode dar conta de uma nova realidade em que a programação de televisão será captada pelo computador, em cujo vídeo muita gente vai ler o jornal diário. O jornal diário, por sua vez, terá vídeo e som exatamente como o telejornal. Vai ser um desafio distinguir um do outro. Colocar ordem legal nesse mundo novo será um problema complexo. Haverá, certamente, muita tensão entre os empresários e o governo, mas os usuários sairão lucrando no final.

Trechos de entrevista de Nicholas Negroponte para Eurípedes Alcântara. *Veja*. São Paulo: Abril, 26 jul. 1995.

31. Que considerações faz o entrevistado sobre a força dos computadores e os governos?

32. Você gostou das perguntas do jornalista ao entrevistado? Por quê?

30. Preencha a ficha sobre o texto.

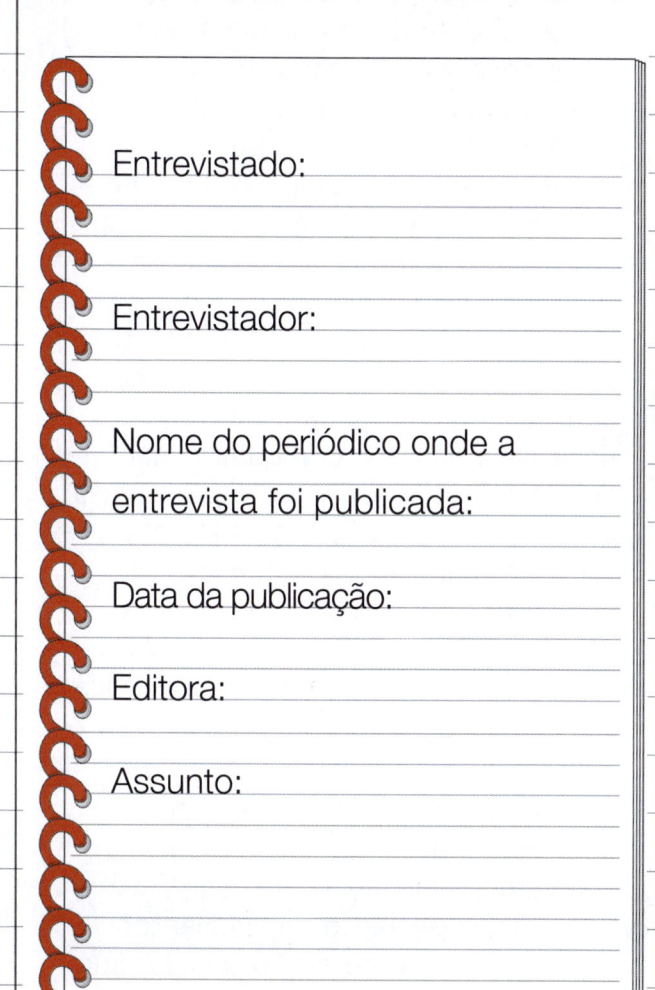

Entrevistado:

Entrevistador:

Nome do periódico onde a entrevista foi publicada:

Data da publicação:

Editora:

Assunto:

33. Que outra pergunta você teria feito ao entrevistado?

34. Você concorda com o título da entrevista "O computador liberta"? Por quê?

35. Copie do texto as palavras cujo sentido ofereça alguma dificuldade para você e escreva ao lado de cada uma seu(s) significado(s).

Aviso aos leitores: não entendo de futebol. Não tenho direito a dar nenhum palpite técnico a respeito. Não posso nem participar das enquetes de torcedores que escolhem o melhor goleiro ou o melhor zagueiro de um campeonato. Nunca acompanhei um campeonato inteiro, a não ser as Copas, não sou capaz de lembrar de um gol, de um passe, de uma jogada genial. Já me esqueci do nome da maioria dos jogadores do time pentacampeão.

Mas uma vez ou outra tive o privilégio de ser tocada pela graça e entender a paixão que o futebol desperta em milhões de brasileiros. [...]

Em primeiro lugar, como na vida, existe o tempo e sua tirania. É o limite do tempo que vai determinar o final da partida. No último instante, um lance pode virar o jogo e inverter o que foi arduamente conquistado nos 90 minutos precedentes. No último minuto uma vitória quase certa pode virar derrota. Aristóteles escreveu, em sua *Ética*: o valor de um homem só se escreve no último dia de vida. No futebol, vai valer o placar do minuto final. O time que jogou um bolão com garra pode perder para o outro que ficou na retranca e cavou um pênalti aos 44 minutos. Como na vida, o acaso pesa, e muito, no futebol. Um passe mal calculado, por uma diferença de milímetros, pode colocar a bola nos pés do adversário. Uma falta manhosa pode passar despercebida, um gol pode ser injustamente anulado porque o juiz considerou impedimento.

Como na vida, estamos nas mãos do acaso e, o que é pior: da precária justiça dos homens. O juiz não tinha ângulo para avaliar o impedimento? Azar. Fica assim mesmo. O jogador que exagerar no protesto ainda pode levar um cartão. Somos vítimas do acaso e também das emoções. Quem não se controla pode dançar.

Pode-se ganhar ou perder um jogo por um triz – e não tem volta. O duro é que não tem volta. Como se sente o jogador que errou uma cobrança de pênalti? Calculou mal o ângulo; chutou para o lado que o goleiro (também ao acaso) escolheu; perdeu o mais fácil dos gols. Sai humilhado, derrotado. Vítima do acaso.

Por fim: no futebol, como na vida, nenhum gênio se faz sozinho. Talentos individuais são inegáveis, jogadas individuais podem ser decisivas. Mas, como na vida, é preciso que o time se entenda. É preciso que o craque saiba jogar junto com os outros. O futebol é o mais coletivo dos jogos – e também o mais difícil.
Um jogo genial pode acabar em 0 a 0. Como na vida, o time pode lutar com todas as suas forças – e não fazer nenhum gol!

Os adjetivos usados pelos locutores esportivos reforçam as metáforas da vida: uma partida dramática, uma derrota trágica para o time que foi rebaixado. Torcedores quase morrem do coração. Todos os afetos entram em campo: lágrimas, fúria e, claro, as maiores alegrias que um homem pode conhecer. [...]

Maria Rita Kehl (psicóloga e poeta).
Época. São Paulo: Globo, 23 dez. 2002.

36. Dê um título para o texto. Depois, mostre seu título a um colega e procure ver o que ele criou também.

37. Há alguma palavra do texto que você não entendeu? Procure os seus significados de acordo com o sentido do texto. O que significam no texto (no contexto) as palavras e expressões destacadas a seguir?

a) **90 minutos precedentes**

b) **jogou um bolão**

c) a **precária** justiça dos homens

d) Quem não se controla pode **dançar**.

38. Cada atividade ou profissão tem seu vocabulário e expressões próprias. Identifique no texto palavras e expressões próprias do mundo do futebol (ou do esporte).

39. O futebol foi desenvolvido na Inglaterra, por isso muitas palavras são de origem inglesa. Veja a palavra em inglês e escreva a correspondente em português.
football
goal
team
penalty
crack

40. Por que a autora do texto acha que não deve dar "palpite técnico" sobre futebol?

41. A autora do texto relaciona o futebol com a vida. Encontre algumas dessas associações.

42. Escreva algumas linhas com o título "Uma jogada de craque".
Só que o craque do seu texto não deve ser um craque no sentido esportivo, mas um craque da vida em geral, fazendo um paralelo entre o futebol/esportes e a vida, como fez a autora do texto.

POR QUE OS ADOLESCENTES SE DROGAM?

[...]

Outro fator que pode induzir um jovem a se drogar é a **incapacidade de enfrentar problemas**. Principalmente aqueles que sempre tiveram tudo e nunca passaram por frustrações e tristezas mais sérias. Muitos desses adolescentes, quando surgem os problemas, acabam recorrendo às drogas, achando que assim os afastarão ou terminarão com eles. Na verdade, só se afastam, porque nenhuma droga resolve nada. Ao contrário, quando passa o seu efeito, o conflito ainda existe e acrescido de mais um: o próprio envolvimento com a droga.

A **onipotência juvenil** (mania de ser Deus do adolescente) também pode motivar um jovem a se drogar. Acreditando que nada de ruim vai lhe acontecer, ele abusa de tudo: velocidade, sexo, drogas etc. Mas é justamente **esse excesso de confiança em si mesmo** que acarreta acidentes automobilísticos, gravidez indesejada, o vício nas drogas.

É comum ainda o jovem usar drogas **para ser aceito pelo grupo que as usa**. Outros, querendo **mudar seu jeito de ser**, recorrem às drogas, pois eles mesmos não se aceitam e acreditam ser esse o caminho para mudarem. Enganam-se. Assim como se enganam aqueles que acham que as drogas acabarão com a **solidão**, ou que **preencherão o tempo**, quando não houver nada que fazer.

Içami Tiba. *123 respostas sobre as drogas.* 2. ed. São Paulo: Scipione, 1995.

43. Segundo o texto, o que acontece com as pessoas quando passa o efeito das drogas?

44. A que leva o excesso de confiança que muitos jovem têm em si mesmos?

45. No seu entender, as drogas conseguem tirar alguém da solidão?

46. Será que as drogas realmente libertam as pessoas?

47. Na sua opinião, por que a sociedade discrimina os usuários de drogas?

UM DEMÔNIO?

— Anjo e demônio, o Homem vive a epopeia de uma cultura assombrosa. Faz poesia, música, monumentos, máquinas, computadores, veículos espaciais. Descobre o âmago da matéria, explode o átomo, formula teorias, códigos e religiões. Multiplica-se rapidamente. Ocupa ansiosamente toda a Terra.

Um Anjo, então?

— Anjo e demônio, feliz e desgraçado, rico e paupérrimo, o Homem ameaça hoje a estabilidade de seu planeta, põe em risco sua própria sobrevivência. Por milênios, ele tem ignorado as condições de manutenção da vida em seu mundo. Embora lute duramente pela liberdade, ainda não soube construir uma sociedade realmente livre. Edifica uma portentosa civilização, mas corre o risco de destruí-la em alguns minutos. Ou em alguns decênios, pela impiedosa devastação da Natureza.

Contudo, qual é a verdadeira face do Homem?

— Animal contraditório, o Homem pesquisa vacinas durante anos e depois fabrica armas que matam milhões num segundo. Média entre São Francisco e Hitler, ele cria um inferno para cada milagre de sua inteligência. É capaz de amar ardentemente tanto quanto odiar até o extermínio de raças e povos irmãos. No ápice de uma evolução de bilhões de anos, ele age como se não dependesse mais da Natureza.

Mas o Homem é feliz?

— No coração e na mente do Homem, Deus se torna abstrato e distante, separado do mundo real, refúgio desesperado de sua desgraça.

Mas, afinal, esse é o Homem?

– Esse é o Homem que habita essa esfera azul que gira lentamente sob nossos olhos. Veja: é um frágil planeta. Mas, ao mesmo tempo, maravilhoso, não acha? É uma pena que todos os homens não possam ver sua Terra daqui. E pensar na sinfonia grandiosa que já existe, no mar, nas florestas, nas montanhas, nos campos, numa pequena lagoa, no voo de um pássaro, no canto da baleia, nas cores de uma borboleta, na interdependência de milhões de espécies de seres microscópicos e gigantes. Na sinfonia da ecosfera, tão complexa quão delicada.

Talvez, então, os Homens pudessem descobrir que têm uma Terra somente.

Ethevaldo Siqueira. *O Estado de S. Paulo*, dez. 1973.

O texto "Um demônio?" é uma dissertação. O autor procura argumentos e dados para comprovar a ideia que ele coloca como ponto de partida: que o ser humano tem algo de anjo e algo de demônio, tem seu lado bom e ruim.

48. Logo no início do texto, como o autor caracteriza a cultura do Homem?

49. Ainda no primeiro parágrafo, o autor enumera vários elementos que fazem parte da cultura humana. Cite-os.

50. No primeiro parágrafo, o autor empregou os verbos no presente
   a) porque o Homem só realiza essas ações na época atual. ( )
   b) porque as ações apresentadas, embora venham sendo feitas desde a Antiguidade, independem do tempo e são próprias do ser humano em qualquer época. ( )

51. "Anjo e demônio". Explique por que o autor emprega essas duas palavras juntas, em oposição.

52. De acordo com o texto, como o Homem considera Deus?

53. Qual é a ideia central (o tema), o assunto básico do texto?

a) A devastação da Natureza pelo Homem. ( )

b) O ser humano contraditório, com seus altos e baixos, entre o bem e o mal. ( )

c) O Homem à procura de Deus. ( )

O HOMEM; AS VIAGENS

O homem, bicho da Terra tão pequeno
chateia-se na Terra
lugar de muita miséria e pouca diversão,
faz um foguete, uma cápsula, um módulo
toca para a Lua
desce cauteloso na Lua
pisa na Lua
planta bandeirola na Lua
experimenta a Lua
coloniza a Lua
civiliza a Lua
humaniza a Lua.
Lua humanizada: tão igual à Terra.
O homem chateia-se na Lua.
Vamos para Marte – ordena a suas máquinas.
Elas obedecem, o homem desce em Marte
pisa em Marte
experimenta
coloniza
civiliza
humaniza Marte com engenho e arte.
Marte humanizado, que lugar quadrado.
Vamos a outra parte?
Claro – diz o engenho
sofisticado e dócil.
Vamos a Vênus.
O homem põe o pé em Vênus,
vê o visto – é isto?
idem
idem
idem
....
Restam outros sistemas fora
do solar a colonizar.
Ao acabarem todos
só resta ao homem
(estará equipado?)
a dificílima dangerosíssima viagem
de si a si mesmo:
pôr o pé no chão
do seu coração
experimentar
colonizar
civilizar
humanizar
o homem
descobrindo em suas próprias
 [inexploradas entranhas
a perene, insuspeitada alegria
de con-viver.

Carlos Drummond de Andrade. As impurezas do branco.
In: *Obras completas*. Rio de Janeiro: J. Olympio, 2002.

Vocabulário

cápsula: parte da nave espacial, que transporta os astronautas e equipamentos
módulo: parte destacável da nave espacial
cauteloso: cuidadoso
sofisticado: complicado, aprimorado
dócil: obediente
dangeroso: perigoso
entranha: interior, íntimo
perene: duradouro
engenho: talento, habilidade

54. De acordo com a primeira estrofe, por que o homem resolve conquistar outros planetas?

55. Na primeira estrofe, a insistência com a palavra Lua indica que:

a) O poeta dirige suas atenções somente para a Lua. ( )

b) A Lua é o centro das atenções de todos os homens. ( )

c) Com a conquista da Lua, houve muito entusiasmo, muita notícia, as atenções se voltaram para a Lua – a moda do momento. ( )

56. Observe os verbos destacados:

"**desce** cauteloso na Lua"; "**desce** em Marte"; "**põe** o pé em Vênus".

a) Os verbos, apesar de terem a forma do presente, indicam ações que já se realizaram ou que estão por acontecer. ( )

b) Os verbos indicam ações que estão sendo realizadas atualmente. ( )

57. A ideia principal do poema é:

a) O homem conquistador do universo físico. ( )

b) O homem detesta a Terra. ( )

c) O ser humano se lança à conquista do universo externo, sem dar importância à conquista do seu mundo interior. ( )

58. Quais são os dois tipos de viagem de que fala o poema?

59. Escolha uma das sugestões abaixo e faça uma redação.
- A conquista interior do ser humano.
- A arte de "con-viver".
- Aventuras interplanetárias.